Bedia Uğurlu-Akkaya

die türkische küche

Hölker Verlag

Dieses Buch ist meiner Familie gewidmet:
meinem Mann, meinen Kindern und Enkelkindern,
meinen Geschwistern, Nichten und Neffen.
Ich danke allen, die mich bei meinem Vorhaben,
dieses Buch zu schreiben, unterstützt haben.
Vor allem meiner Tochter Selma und
meinen Freunden Birgit und Uli.
Ein besonderer Dank gilt meinem Mann, der mir
eine große Hilfe war und zwei von ihm selbst
entwickelte Rezepte beigesteuert hat.

5 4 3 2 1
ISBN 3-88117-644-6

Redaktion: Christiane Leesker
Gestaltung: Niels Bonnemeier
Foodfotos: Klaus Arras
(Aufnahmen auf Agfachrome RSX 100 II)
Fotoassistenz: Katia Briol
Foodstyling: Oliver Brachat
Sonstige Fotos: Metin Kuru

Printed in Germany

inhalt

Wie überall auf der Welt ernähren sich die Menschen in der Türkei traditionell von dem, was in ihrer Umgebung wächst und gedeiht. Im Nordosten der Türkei betreiben die Menschen Viehzucht, daher ernähren sie sich überwiegend von Fleisch. Die Schwarzmeer-Region ist für ihre Fischgerichte berühmt. Die Küstenregionen von Mittelmeer und Ägäis sind bekannt für ihre Speisen aus Gemüse mit Olivenöl. In Ostanatolien sind solche mit Getreide und Hülsenfrüchten verbreitet. Die Küche Zentralanatoliens ist auf Teiggerichte spezialisiert.

Die Tischkultur der Türken ist genauso vielseitig wie ihre Küche. In der Türkei, der „Wiege der Kulturen", leben sehr viele ethnische Minderheiten, die ihre Essgewohnheiten beibehalten haben. In Ost- und Südost-Anatolien werden – wie in China – alle Gerichte gleichzeitig aufgetischt. Im Westen und Nordwesten hingegen werden sie nacheinander gereicht. In Istanbul z.B. gibt es in ganz normalen Haushalten täglich – ob Winter oder Sommer – erst eine Suppe, dann eine warme Speise und einen Salat, danach ein mit Olivenöl zubereitetes Kaltgericht. Zum Schluss folgt ein Reis- oder Nudelgericht, zu dem meistens eine Süßspeise oder ein Kompott aus getrocknetem Obst gereicht wird. Und Wasser und Brot dürfen bei einer türkischen Tafel natürlich nie fehlen. Zu jedem Gericht wird reichlich Fladenbrot, Pide oder Weißbrot verzehrt.

Anlässlich bestimmter Feiertage oder Feierlichkeiten wird traditionell festlich geschmaust. Bei Ramasan-, Fasten- und Opferfest stehen Süßspeisen im Mittelpunkt. Bei Hochzeiten werden, je nach Gebiet, sehr kompliziert gefüllte und gewickelte Gerichte zubereitet. Reis darf aber bei keiner Feierlichkeit fehlen. In kaum einem anderen Land kommen Vegetarier so auf ihre Kosten wie in der Türkei: Die Reichhaltigkeit der Gemüsegerichte wird aber auch von Fleischessern geschätzt. Mit den hervorragenden einheimischen Olivenölen werden insbesondere die typischen kalten vegetarischen Gerichte zubereitet.

Heute gehört die türkische Küche zusammen mit der chinesischen und französischen zu den am weitesten verbreiteten Nationalküchen der Welt. In diesem Buch finden Sie eine Sammlung von Rezepten, die aus allen Regionen der Türkei zusammengestellt wurde. Sie können durch Nachkochen Ihre Urlaubserinnerungen aufleben lassen, Hausmannskost aus der Alltagsküche der Türken oder auch Spezialitäten verschiedener Gebiete kennen lernen.

Viel Vergnügen dabei wünscht

Bedia Uğurlu-Akkaya

Die Rezepte reichen, falls nicht anders angegeben, für 6 Personen als Teil eines Menüs oder für 4 Personen als einzelnes Gericht.

In diesem Buch gibt es zu Gewürzen keine Mengenangabe. Sie können je nach Geschmack und Gesundheit die Menge selbst bestimmen.

Çay – Tee ist in der Türkei eine Art Nationalgetränk. Er wird zum Frühstück getrunken, im Büro und in den kleinen Läden der Basare, wo man auch einkauft oder sich geschäftlich trifft. In jedem Ort gibt es Teehäuser für Männer, in denen gespielt und die Freizeit verbracht wird. In manchen Gebieten der Türkei ist auch der Fünf-Uhr-Nachmittagstee ein Muss. Dazu wird Gebäck, Simit, Börek oder Kuchen gereicht. Unerwarteten Gästen bietet man Tee und Gebäck an. Auch abends nach dem Essen wird Tee serviert. Çay wird meist in einer zweiteiligen Teekanne gebrüht. In der unteren erhitzt man Wasser. In die kleinere obere kommen ca. 3 Esslöffel schwarze Teeblätter. Wenn das Wasser unten sprudelnd kocht, gießt man einen Teil davon auf die Teeblätter und lässt sie ca. 15 Minuten ziehen. Dann gießt man je nach Geschmack mehr oder weniger Teekonzentrat aus der oberen Kanne in das Teeglas und füllt dann mit kochendem Wasser aus der unteren Kanne auf. Die Zubereitung im Samowar ist die gleiche. Sein Vorteil ist, dass das Wasser direkt darin erhitzt und auch warm gehalten werden kann.

Türk Kahvesi – türkischer Mokka hat in der türkischen Gesellschaft einen hohen Stellenwert. Ein türkisches Sprichwort lautet: „Bir fincan kahvenin kırk yıl hatırı vardır.“ – An eine gereichte Tasse Kaffee erinnert man sich noch in 40 Jahren. Das bedeutet: Ein kleiner Freundschaftsdienst kann lebenslange Dankbarkeit hervorrufen. Frauen treffen sich üblicherweise um 11 Uhr vormittags zum Mokka. Bei diesem geselligen Beisammensein wird die Zukunft vorausgesagt, indem man den Kaffeesatz liest. Nach dem Mittagessen wird als Abschluss Mokka getrunken. In traditionellen Familien bietet man auch bei der Brautschau Mokka an. Man bereitet ihn in einer Kupfer- oder Emailkanne folgendermaßen zu: Es werden so viele Tassen Wasser eingefüllt, wie man trinken möchte. Je Tasse wird 1 Mokkalöffel sehr fein gemahlener Kaffee zugefügt. Je nach Wunsch wird gar nicht, wenig oder stark gesüßt, alles verrührt und auf dem Herd erhitzt. Wenn Schaum aufsteigt, ist der Mokka fertig – nicht kochen lassen! Man reicht ihn in kleinen Mokkatassen, dazu ein Glas Wasser und türkischen Honig.

Ayran – Joghurtgetränk ist im Sommer ein beliebter Durstlöscher. Er reguliert in der Hitze den Salzhaushalt des Körpers, kühlt und erfrischt gleichzeitig. Ayran passt als Getränk gut zu Kebab, Teig- und Reisgerichten. In Anatolien ist Ayran neben Tee ein weiteres Nationalgetränk. Für die Zubereitung wird Joghurt glatt gerührt, mit Wasser nach Belieben verdünnt und mit reichlich Salz abgeschmeckt. Wenn Sie Joghurt, Wasser und Salz im Mixer verquirlen, wird der Ayran schön schaumig, ähnlich einem Milchmixgetränk. Diese sehr beliebte Variante heißt „Yayık ayranı“. Früher wurde er dafür in einem horizontal aufgehängten Holzbehälter (ähnlich einem Butterfass) hin und her bewegt bzw. geschüttelt.

Rakı – Anisschnaps (ca. 45 Vol.-%.) wird aus Weintrauben, Feigen und Anis hergestellt. Man trinkt ihn nie pur oder als Aperitif, sondern zu einer „Rakı-Tafel“. Dazu werden erst kalte Mezeler (Vorspeisen) serviert, dann folgen warme, anschließend ein Hauptgang. Als Nachspeise wird meist Obst gereicht. Eine ausgiebige Rakı-Tafel ist ein Genuss über mehrere Stunden. Außerhalb davon reicht man zu Rakı zumindest kleine Knabbereien wie Schafskäse, Honigmelone und geröstete Kichererbsen. Er wird gut gekühlt aus hohen, schmalen Gläsern getrunken. Dazu reicht man ein Glas Wasser. Manche mischen auch beides, dabei verwandelt sich der Rakı in eine milchige Flüssigkeit, die auch als „Löwenmilch“ bezeichnet wird.

suppen
çorbalar

Suppen haben in der Türkei eine große Bedeutung. In manchen Gegenden werden sie sogar zum Frühstück gegessen! Im Westen der Türkei ist die Suppe der klassische Starter für Menüs mit mehreren Gängen, in Anatolien werden sie aber auch als Hauptgericht serviert. Für den Osten und Südosten, wo es sehr heiß werden kann, sind kalte Joghurtsuppen typisch. Zu allen Suppen wird immer reichlich Brot gereicht. Die Weiße-Bohnen-Suppe bildet eine Ausnahme. Man serviert dieses Gericht unbedingt mit Reis und Kompott und außerdem nicht als Vor-, sondern als Hauptspeise. Nicht Lahmacun, sondern Weiße-Bohnen-Suppe ist das eigentliche Nationalgericht der Türken!

Anatolische Suppe,
Rezept S. 10

tarhana
anatolische suppe

100 g Tarhanamehl
1 l kalte Brühe
1 EL Butter oder Margarine
1 EL Paprika- oder Tomatenmark
Salz, frisch gemahlener Pfeffer
Paprikapulver
getrocknete Minze

Das Tarhanamehl in die kalte Brühe rühren. In einem Topf bei geringer Hitze unter ständigem Rühren ca. 15 Minuten kochen lassen. Inzwischen Butter oder Margarine in einer kleinen Pfanne schmelzen, Paprika- oder Tomatenmark darin anrösten, mit Salz, Pfeffer, Paprika und Minze würzen und in die Suppe rühren. Heiß servieren und Brot dazu reichen.

Tarhana wird aus Tomaten, Paprika, Joghurt und Gewürzen hergestellt. Die Mischung lässt man in der Sonne trocknen und verarbeitet sie anschließend zu Tarhanamehl. Man kann es mittlerweile auch in Deutschland in türkischen Lebensmittelläden bekommen.

arpaşehriyesi çorbası
türkische nudelsuppe

2 große Fleischtomaten
2 EL Olivenöl
Salz, frisch gemahlener Pfeffer
1/2 TL Paprikapulver
1/2 TL Oregano (oder Thymian)
1 l Fleischbrühe
100 g Gerstenkornnudeln (Arpaşehriyesi)

Die Tomaten vom Stielansatz befreien und klein würfeln. Das Öl in einem Topf erhitzen und die Tomatenwürfel darin anbraten. Mit Salz, Pfeffer, Paprikapulver und Oregano (oder Thymian) würzen. Die Brühe angießen und die Nudeln einrieseln lassen. Die Suppe ca. 30 Minuten bei geringer Hitze kochen lassen. Dazu Brot reichen.

Arpaşehriyesi, die Suppennudel, die aus Grieß hergestellt wird und wie ein Gerstenkorn geformt ist, wird in Suppen und Reisgerichten verwendet. Für Reisgerichte werden die Nudeln in Öl angeröstet und vor dem Kochen mit dem rohen Reis vermischt. Das hat eine schöne optische Wirkung und ist sehr wohlschmeckend. Man erhält die Nudeln in gut sortierten Supermärkten oder türkischen Lebensmittelläden.

ezogelin çorbası
brautsuppe

1 Möhre
1 Paprikaschote
1 Kartoffel
1 Zwiebel
100 g rote Linsen
1 EL Reis
1 EL Fadennudeln (Suppennudeln)
1,5 l Brühe
2 EL Olivenöl
1 EL Paprikamark
1 EL Tomatenmark
1 TL getrockneter Oregano (oder Thymian)
1/2 TL Paprikapulver
1 TL getrocknete Minze
1/2 TL Kreuzkümmel
frisch gemahlener Pfeffer

Die Möhre putzen, die Paprikaschote von Stielansatz, Samen und Scheidewänden befreien. Kartoffel und Zwiebel schälen. Alles in große Stücke schneiden. Das Gemüse mit Linsen, Reis und Nudeln in einen Topf geben, die Brühe zugießen, zum Kochen bringen und bei geringer Hitze ca. 30 Minuten garen. Die Suppe mit einem Mixstab pürieren. In einer Pfanne das Öl erhitzen, Paprika- und Tomatenmark darin anrösten und mit Oregano (oder Thymian), Paprikapulver, Minze, Kreuzkümmel und Pfeffer würzen. Die Würzmischung in die Suppe rühren. Mit Minze bestreut servieren. Dazu Brot reichen.

Paprikamark kommt in den meisten türkischen Gerichten vor. Man bekommt es am besten in der Türkei, weil es dort nicht als Konserve, sondern hausgemacht verkauft wird. Hierzulande finden Sie Paprikamark in manchen türkischen Lebensmittelläden. Falls nicht, können Sie alternativ Tomatenmark verwenden.

yeşil mercimek çorbası
grüne linsensuppe

250 g grüne Linsen
1 große Zwiebel
1 1/2 EL Olivenöl
1 EL Paprika- oder Tomatenmark
Salz, Paprikapulver, frisch gemahlener Pfeffer
1 l kochendes Wasser
2 EL türkische Suppennudeln
3–4 EL Joghurt

Die Linsen in einem Topf mit 1 Liter Wasser aufsetzen und ca. 30 Minuten kochen. Danach durch ein Sieb abgießen. Die Zwiebel schälen und fein hacken. Das Olivenöl im Topf erhitzen, die Zwiebel darin anschwitzen. Das Paprika- oder Tomatenmark dazugeben und mit anbraten. Die Linsen zufügen und mit Salz, Paprikapulver und Pfeffer würzen. Das kochende Wasser angießen. Die Nudeln einrieseln lassen und die Suppe 15–20 Minuten garen. Auf Teller verteilen und in die Mitte je einen Klecks Joghurt setzen. Dazu Brot reichen.

antep usulü nohut çorbası
kichererbsensuppe antepische art

100 g getrocknete Kichererbsen
Salz
100 g Rindergulasch
4 große Kartoffeln
500 g Joghurt
2 EL Olivenöl
einige Safranfäden

Die Kichererbsen über Nacht in kaltem Wasser einweichen lassen. Am nächsten Tag mit reichlich frischem Wasser bei geringer Hitze ca. 60 Minuten garen. Danach durch ein Sieb abgießen. In einem anderen Topf 1 Liter Salzwasser mit dem Gulasch zum Kochen bringen und ca. 40 Minuten bei geringer Hitze garen. Inzwischen die Kartoffeln schälen, waschen und in Würfel schneiden. Nach der Garzeit mit den Kichererbsen zum Fleisch in den Topf geben und weitere 30 Minuten garen. Von der Gulaschbrühe 1/2 Liter abnehmen und lauwarm abkühlen lassen. Mit dem Joghurt verrühren und zurück in die Suppe gießen. Das Öl in einer kleinen Pfanne erhitzen, die Safranfäden darin anrösten und zur Suppe geben. Mit Salz abschmecken und warm servieren. Dazu Fladenbrot oder anderes Brot reichen.

kurufasulye
weiße-bohnen-suppe

500 g getrocknete weiße Bohnen
Salz
200 g Rindergulasch
1 große Zwiebel
2 EL Olivenöl
1 EL Paprika- oder Tomatenmark
frisch gemahlener Pfeffer
Paprikapulver

Statt mit Gulasch kann man die Suppe auch mit Rinderhack, türkischer Paprikawurst oder Pastırma, türkischem rohen Schinken, zubereiten. Das Fleisch dann nicht vorgaren und statt der Brühe einfach kaltes Wasser verwenden.

Die Bohnen in kaltem Wasser über Nacht einweichen lassen. Am nächsten Tag mit reichlich frischem Wasser ca. 60 Minuten garen. Danach durch ein Sieb abgießen. In einem anderen Topf 1 Liter Salzwasser mit dem Gulasch zum Kochen bringen und ca. 40 Minuten bei geringer Hitze garen. Das Fleisch herausnehmen und klein würfeln, die Brühe beiseite stellen.

Die Zwiebel schälen und fein hacken. Das Öl in einem Topf erhitzen, die Zwiebelwürfel darin anschwitzen. Das Gulasch zugeben und braun anbraten. Mit Paprika- oder Tomatenmark, Salz, Pfeffer und Paprikapulver würzen. Die Brühe angießen, die Bohnen zugeben und die Suppe ca. 20 Minuten bei geringer Hitze garen. Zu dieser Suppe reicht man Reis, Kompott und Brot.

gendime çorbası
gekühlte hirsesuppe

100 g türkische Hirse (Aşurelik Buğday)
2 Knoblauchzehen
500 g Joghurt
Salz
1 EL getrocknete Dillspitzen oder Minze
2-3 TL Olivenöl

Die Hirse mit reichlich kaltem Wasser aufsetzen und ca. 90 Minuten kochen, dann in ein Sieb abgießen. Inzwischen den Knoblauch schälen, durch die Presse drücken und in einer ausreichend großen Schüssel mit Joghurt und Salz verquirlen. Die abgetropfte Hirse und 1 Liter kaltes Wasser zufügen und alles miteinander verrühren. Die Suppe auf Teller verteilen, mit Dill oder Minze garnieren und mit Öl beträufeln. Gut gekühlt servieren. Dazu Brot reichen.

yayla çorbası
almsuppe

1,5 l Fleischbrühe
100 g Reis
Salz
250 g Joghurt
1 Eigelb
1 EL Olivenöl
1 TL gehackte frische oder getrocknete Minze
Paprikapulver

Die Brühe mit Reis und Salz in einem großen Topf erhitzen und ca. 20 Minuten kochen. Von der Suppe 2 Schöpflöffel abnehmen und etwas abkühlen lassen. Den Joghurt mit dem Eigelb verquirlen, die abgekühlte Suppe zugeben und das Ganze unter ständigem Rühren zurück in den Topf gießen. Die Suppe danach nicht mehr kochen lassen. Das Öl in einer Pfanne erhitzen, Minze und Paprikapulver darin anrösten und die Suppe damit garnieren. Dazu Brot reichen.

mezeler
vorspeisen

Das Wort Meze kommt aus dem Arabischen und bedeutet so viel wie „wohlschmeckend“. Meze werden – überwiegend im Westen und Süden der Türkei – in unzähligen sich regional unterscheidenden Variationen als Vorgerichte serviert, da man ihnen die Eigenschaft zuspricht, den Appetit für die nachfolgenden Gänge anzuregen.
Meze sind ein Muss für jede Rakı-Tafel (siehe auch S. 6). Wichtig ist, dass sie auf kleinen Tellern in kleinen Mengen serviert werden. Sonst sind sie zu sättigend und erfüllen nicht mehr ihren Zweck als Vorspeise. Natürlich lassen sich auch jene, die auf Alkoholgenuss verzichten, gerne den Gaumen von den außergewöhnlichen Aromen der jeweiligen Meze kitzeln! Dazu wird immer Brot gereicht.

Frittiertes Gemüse mit Joghurtsauce,
Rezept S. 17

cacık
joghurt mit gurken

1–2 Salatgurken
4 Knoblauchzehen
500 g Joghurt
Salz
1 TL Olivenöl
1 EL frisch gehackter Dill

Die Gurken schälen und in kleine Würfel schneiden. Die Knoblauchzehen schälen und fein hacken. Beides in eine Schüssel geben. Den Joghurt mit 1/4 Liter Wasser, Salz und Öl verquirlen, über Gurken- und Knoblauchwürfel gießen und alles gut vermengen. Mit Dill garnieren und kalt servieren. Dazu frisches Brot reichen.

joghurt

Man sagt, die Türken sind die Erfinder des Joghurts. Aus der türkischen Küche ist er jedenfalls nicht wegzudenken! In den meisten Haushalten wird er selbst hergestellt. Das geht folgendermaßen: 1 Liter Milch zum Kochen bringen. Abkühlen lassen, so dass man einen Finger hineinhalten kann, bis man von eins bis zehn gezählt hat. Dann 1 Esslöffel Naturjoghurt unterrühren, den Topf mit Handtüchern umwickeln und über Nacht in einem warmen Raum stehen lassen (nicht umrühren). Am folgenden Morgen sofort in den Kühlschrank stellen. Erst nach 2 Stunden Kühlzeit kann der Joghurt verwendet werden. Auch fertig gekaufter türkischer Joghurt schmeckt hervorragend. Sie erhalten ihn in türkischen Lebensmittelläden und vielen Supermärkten.

kızartma
frittiertes gemüse mit joghurtsauce

Für das Gemüse:
1 Aubergine
1 Zucchini
2 große Kartoffeln
je 1 rote, gelbe und grüne Paprikaschote
Salz
1 l Sonnenblumenöl zum Frittieren

Für die Sauce:
4 Knoblauchzehen
500 g Joghurt
Salz

Für das Gemüse Aubergine und Zucchini putzen und längs oder quer in ca. 5 Millimeter dicke Scheiben schneiden. Die Kartoffeln schälen, waschen und ebenfalls in Scheiben schneiden. Die Paprikaschoten vierteln, von Stielansatz, Samen und Scheidewänden befreien. Das vorbereitete Gemüse getrennt voneinander in Schüsseln mit reichlich Salzwasser legen.
Das Öl in einem hohen Topf erhitzen, bis an einem hineingehaltenen Holzstäbchen Blasen aufsteigen. Das Gemüse portionsweise aus dem Wasser nehmen, trockentupfen, im heißen Öl goldbraun frittieren (zuerst die Aubergine, dann die Zucchini, dann die Kartoffeln und zuletzt die Paprika), auf Küchenpapier entfetten und auf einer Platte anrichten.
Für die Sauce die Knoblauchzehen schälen und fein hacken. Mit Joghurt und Salz verrühren und die Mischung über das frittierte Gemüse gießen. Dazu frisches Brot reichen. Das frittierte Gemüse wird als Meze (Vorspeise) oder als Hauptgericht verzehrt.

Statt Joghurtsauce können Sie auch Tomatensauce über dem Gemüse verteilen. Dafür 4 Tomaten klein schneiden, 1 Knoblauchzehe schälen und in dünne Scheiben schneiden. Beides in Olivenöl anbraten, mit Salz, Pfeffer, Oregano, Fondor und Sieben-Gewürze-Mischung würzen und auf dem Gemüse verteilen.
Man kann frittiertes Gemüse mit Joghurt- oder Tomatensauce kalt oder warm servieren, je nach Jahreszeit und Geschmack.

yoğurtlu patlıcan salatası
auberginensalat mit joghurt

- 2 große Auberginen
- 4 Knoblauchzehen
- 1 kg Joghurt
- Salz
- gehackte Petersilie zum Garnieren

Den Backofen auf 200 °C vorheizen. Die Auberginen putzen und mit einer Gabel mehrmals rundherum einstechen. Auf ein Blech legen und ca. 40 Minuten backen, bis sie weich sind. Die Schalen abziehen, das Fruchtfleisch pürieren. Die Knoblauchzehen schälen und fein hacken. In einer großen Schüssel mit dem Joghurt vermengen. Das abgekühlte Auberginenpüree dazugeben, salzen und unterrühren. Vor dem Servieren nach Belieben mit gehackter Petersilie garnieren. Dazu frisches Brot reichen.

Das Backen der Auberginen dient zum einen dem Garen, zum anderen lässt sich danach die Haut leicht abziehen. Außerdem verleiht es dem Gemüse einen wunderbaren Geschmack, den man durch Kochen in Wasser nicht erreichen würde. In der Türkei werden die Auberginen über offener Flamme geröstet, hier behelfen wir uns mit dem Backofen. Das auf diese Weise zubereitete Gemüse ist sehr kalorienarm.

yoğurtlu kereviz salatası
selleriesalat mit joghurt

- 1 Sellerieknolle
- 1 kg Joghurt
- 4 Knoblauchzehen
- Salz
- gehackte Dillspitzen oder Paprikapulver zum Garnieren

Die Sellerieknolle schälen, auf der Küchenreibe raspeln und in einer großen Schüssel mit dem Joghurt vermengen. Die Knoblauchzehen schälen, fein hacken, dazugeben und den Salat salzen. Mit Dill oder Paprikapulver garnieren und gut gekühlt servieren. Dazu frisches Brot reichen.

kereviz salatsı
selleriesalat

2 Sellerieknollen
Salz
1 große Zwiebel
je 1/2 Bund glatte Petersilie und Dill
3 EL Olivenöl
1 EL Zitronensaft

Die Sellerieknollen putzen, schälen und in kleine Würfel schneiden. In einem Topf reichlich Salzwasser zum Kochen bringen und die Selleriewürfel darin bissfest garen. Abgießen, in eine Schüssel geben und abkühlen lassen. Die Zwiebel schälen und fein würfeln. Petersilie und Dill waschen, trockentupfen, die Blättchen bzw. Spitzen von den Stielen zupfen und fein hacken. Die Kräuter zum Sellerie geben. Mit Öl und Zitronensaft vermischen und den Salat ca. 1 Stunde ziehen lassen. Evtl. nachsalzen. Dazu frisches Brot reichen.

havuç salatası
möhrensalat

4 große Möhren
2 EL Olivenöl
Salz
frisch gemahlener Pfeffer
4 Knoblauchzehen
250 g Joghurt
Saft von 1 Zitrone
gehackte Petersilie oder Oliven zum Garnieren

Die Möhren putzen, schälen und auf einer Küchenreibe raspeln. Das Öl in einer Pfanne erhitzen und die Möhrenraspel darin bei geringer Hitze braten, bis sie weich werden. Mit Salz und Pfeffer würzen und kalt stellen. Den Knoblauch schälen und fein hacken. Mit Joghurt und Zitronensaft verrühren. Die Mischung in einer Schüssel mit den Möhren vermengen. Den Salat ca. 2 Stunden ziehen lassen. Vor dem Servieren nach Belieben mit Petersilie oder Oliven garnieren. Dazu frisches Brot reichen.

ezme
scharfer tomatensalat

4 feste Tomaten
2 grüne Peperoni
1 Zwiebel
4 Knoblauchzehen
1 Bund Frühlingszwiebeln
1 EL Paprikamark
1 EL Tomatenmark
Saft von 1 Zitrone
1 EL Olivenöl
Salz
frisch gemahlener Pfeffer
1/2 Bund Petersilie

Die Tomaten mit einem scharfen Messer dünn schälen und sehr fein würfeln, dabei vom Stielansatz befreien. Die Peperoni von Stielansatz, Samen und Scheidewänden befreien und fein würfeln. Zwiebel und Knoblauchzehen schälen und fein hacken. Frühlingszwiebeln putzen und in feine Ringe schneiden. Alles Gemüse in einer Schüssel mit Paprika- und Tomatenmark mischen, mit Zitronensaft und Olivenöl vermengen und mit Salz und Pfeffer würzen. Den Salat auf einer Platte anrichten. Die Petersilie abbrausen, trockentupfen und die Blättchen abzupfen. Einige Blättchen für die Dekoration beiseite legen, die übrigen hacken. Die gehackte Petersilie unter den Salat mischen, mit den verbliebenen Blättchen garnieren. Dazu frisches Brot reichen.

Dieser Salat aus Südost-Anatolien wird gerne als Beilage zu Kebabs (gegrillte Fleischgerichte, Rezepte S. 25–33) serviert.

çoban salatası
hirtensalat

2 feste Tomaten
1 Salatgurke
je 1 rote und grüne Peperoni
1 Zwiebel
1/2 Bund Petersilie
einige Stängel Dill und Minze
2 EL Olivenöl
2 EL Zitronensaft
Salz

Die Tomaten mit einem scharfen Messer spiralförmig dünn schälen, vom Stielansatz befreien und würfeln. Die Gurke schälen, die Peperoni vom Stielansatz befreien, beides in dünne Scheiben schneiden. Die Zwiebel schälen und in Ringe schneiden. Petersilie, Dill und Minze abbrausen, trockentupfen, die Blättchen bzw. Spitzen von den Stielen zupfen und fein hacken. Alle Zutaten mit Olivenöl und Zitronensaft in einer Schüssel vermengen und salzen. Dazu frisches Brot reichen.

Aus den Schalenstreifen der Tomaten können Sie hübsche Rosetten für die Dekoration formen.

çerkez tavuğu
hähnchenpaste tcherkessischer art

1 Hähnchen
Salz
1 Zwiebel
2 Nelken
2 Pimentkörner
2 Pfefferkörner
3 Lorbeerblätter
2 altbackene Brötchen
100 ml Milch
4 Knoblauchzehen
200 g Walnusskerne
frisch gemahlener Pfeffer
1 TL Olivenöl
1 TL Paprikapulver
Walnusskerne zum Garnieren

Das Hähnchen innen und außen sorgfältig abspülen und in einem großen Topf mit Salzwasser bedecken. Die Zwiebel schälen, grob hacken und zugeben. Nelken, Piment- und Pfefferkörner sowie Lorbeerblätter ebenfalls zum Hähnchen geben und dieses in ca. 60 Minuten gar kochen. Das Geflügel herausnehmen, etwas abkühlen lassen und das Fleisch auslösen. Die Brühe durchseihen und beiseite stellen. Die Brötchen in der Milch einweichen. Die Knoblauchzehen schälen und ebenso wie die Walnusskerne fein hacken. Beides zusammen mit dem ausgedrückten Brot im Mixer zu einer Paste verarbeiten. Das Hähnchenfleisch zufügen, mit Pfeffer würzen und durch den Fleischwolf drehen oder ebenfalls pürieren. Löffelweise von der Brühe zufügen, bis eine helle Masse von sahniger Konsistenz entsteht. Das Ganze ca. 2–3 Stunden im Kühlschrank durchziehen lassen. Die Hähnchenpaste vor dem Servieren auf einer Platte anrichten und mit Öl, Paprikapulver und Walnusskernen garnieren. Dazu frisches Brot reichen.

Dass der Kebab eine türkische Erfindung ist, ist nicht nur eine Sage, sondern eine Tatsache. Die Türken waren ein Nomadenvolk aus Zentralasien, das von der Viehzucht lebte und wenig mit Gemüse- und Obstsorten in Berührung kam. Die Nomaden hatten keine Küche und mussten daher ihre Mahlzeiten mit einfachen Hilfsmitteln zubereiten. Die einfachste Zubereitungsart war, Fleisch über offenem Feuer zu garen. Mit der Zeit entwickelten sich Spießbraten und Döner Kebab zu berühmten Spezialitäten. Die besten Kebabgerichte stammen aus dem Osten und Südosten der Türkei. Kebabs werden meist mit Salat, Bauernpilaw (Rezept S. 75) oder normalem Reis, frischen Kräutern und Ayran angeboten.

Da die Hauptstadt des Osmanischen Reiches, das heutige Istanbul, am Meer gelegen war, haben sich auch viele Fischgerichte einen festen Platz in der türkischen Küche erobert. Sie sind reichhaltig und schmackhaft, weil die Rezepte oft für die anspruchsvollen Gaumen der Sultane entwickelt wurden. Die Namen der Fische wurden bis auf einige wenige aus dem Griechischen übernommen. Zu Fisch passen immer fein gehobelte rote Zwiebeln und Zitronenscheiben. Dazu reicht man meistens Kopfsalat, Romanasalat (Marul), Eisbergsalat oder Salat von weißen Bohnen und Brot.

fleisch & fischgerichte

et ve balıklar

Hackfleischspieße nach Adana-Art, Rezept S. 25
Bauernpilaw, Rezept S. 75
Scharfer Tomatensalat, Rezept S. 20

döner kebab
türkischer drehspieß

Der Döner ist mittlerweile fast ein Nationalgericht der Deutschen geworden. Hier wird er in der Fastfood-Version verzehrt. In der Türkei ist er ein Tellergericht. Die Zubereitung dieses Gerichts ist zu Hause nur dann möglich, wenn Sie auch die entsprechenden Geräte zum Garen und Schneiden haben. Diese können Sie natürlich in Haushaltgeschäften oder in manchen türkischen Läden erwerben.

Für die Zubereitung des Döners benötigen Sie je nach Größe des Spießes 1–5 Kilo Rind- oder Lammfleisch in großen dünnen Scheiben, etwa wie Rindsrouladen. Des Weiteren Oregano, Kreuzkümmel, Sieben-Gewürze-Mischung, Salz, Pfeffer, Paprikapulver, 3 Gläser Öl, 1 Esslöffel Paprika- oder Tomatenmark, 2 Zentiliter Rakı, 2 in Scheiben geschnittene Zwiebeln und 3–4 gehackte Knoblauchzehen. Die Zutaten mit dem Fleisch mischen und über Nacht marinieren. Dann die Fleischscheiben schichtweise übereinander auf den Spieß stecken und drehend garen. Mit einem elektrischen Messer von oben nach unten dünne Scheiben abschneiden. Mit Reis und Salat servieren.

adana kebabı

hackfleischspieße nach adana-art

2 Zwiebeln
1 Knoblauchzehe
1 EL Paprikamark
500 g Hackfleisch von Rind oder Lamm
Salz
frisch gemahlener Pfeffer
Paprikapulver
Kreuzkümmel
Sieben-Gewürze-Mischung
evtl. etwas Mehl
gegrillte Tomaten und Peperoni zum Garnieren

Zwiebeln schälen und reiben. Knoblauchzehen schälen und durch die Presse drücken. Beides mit dem Paprikamark zum Hackfleisch in eine Schüssel geben. Mit Salz, Pfeffer, Paprikapulver, Kreuzkümmel und Sieben-Gewürze-Mischung würzen und alles ca. 10 Minuten lang kneten. Falls der Teig zu weich werden sollte, etwas Mehl zufügen. Im Kühlschrank 2 Stunden ruhen lassen. Vor der Zubereitung mit angefeuchteten Händen längliche Frikadellen formen und um die Spieße formen. Auf einem Holzkohlegrill oder auf einem Rost unter dem Grill des Backofens 6–8 Minuten garen. Auf einer Platte mit gegrillten Tomaten und Peperoni anrichten.

Für Adana Kebab braucht man spezielle flache, schwertförmige Spieße, an denen das Fleisch gut haften kann.

şişkebap

schaschlik nach türkischer art

1 kg Fleisch (Rinderfilet, Lammschulter, Schweinefilet, Pute oder Hähnchen)
2 große Zwiebeln
4 Knoblauchzehen
1 EL Paprikamark
1/4 l Weißwein (für rotes Fleisch) oder 1/4 l Bier (für helles Fleisch)
1/2 l Olivenöl
Salz, frisch gemahlener Pfeffer,
Oregano, Fondor, Kreuzkümmel
Sieben-Gewürze-Mischung
Paprikapulver

Das Fleisch von Häutchen und Sehnen befreien und in Würfel von ca. 3 Zentimetern Kantenlänge schneiden. Die Zwiebeln schälen und in Ringe schneiden. Knoblauch schälen und fein hacken. Fleisch, Zwiebeln, Knoblauch, Paprikamark, Wein oder Bier, Olivenöl und Gewürze in einer tiefen Schüssel mit den Händen vermischen. Das Ganze im Kühlschrank oder in einem kühlen Raum 8 Stunden durchziehen lassen, damit das Fleisch schön zart wird. Vor der Zubereitung die Fleischstücke auf Spieße (z.B. Schaschlikspieße) stecken und auf dem Holzkohlegrill oder auf einem Rost unter dem Grill des Backofens ca. 5–8 Minuten grillen. Dazu Reis und Salat reichen.

kadınbudu köfte
„frauenschenkel-frikadellen" osmanische Art

5 EL Rundkornreis
2 Zwiebeln
1/4 Bund Petersilie
1 EL Olivenöl
500 g Hackfleisch von Rind oder Lamm
4 Eier
Salz
frisch gemahlener Pfeffer
Fondor
Paprikapulver
Köftegewürz
5 EL Mehl
Sonnenblumenöl zum Frittieren
Tomatenachtel und Petersilienstängel zum Garnieren

Die Frikadellen können mit einem Salat als Hauptgericht oder als Meze (Vorspeise) serviert werden.

Den Reis in einem Topf mit wenig Wasser in 20 Minuten gar quellen lassen. Inzwischen die Zwiebeln schälen und fein würfeln. Die Petersilie abbrausen, trockentupfen, die Blättchen abzupfen und hacken. Das Öl in einer Pfanne erhitzen, die Zwiebeln darin anschwitzen. Die Hälfte des Hackfleischs zufügen und mit anbraten. Den gekochten Reis unterrühren. Die andere Hälfte Gehacktes in einer Schüssel mit der Petersilie, 2 Eiern und den Gewürzen zu einem Teig verkneten. Das gebratene Fleisch zugeben und alles miteinander vermengen. Die Hände anfeuchten und aus dem Teig ovale Frikadellen formen. Das Mehl in einen Teller geben. Die restlichen 2 Eier in einem zweiten Teller verquirlen. Die Frikadellen erst in Mehl, dann in Ei wenden. Das Sonnenblumenöl erhitzen, bis an einem hineingehaltenen Holzstäbchen Bläschen aufsteigen. Die Frikadellen darin frittieren. Auf Küchenkrepp abtropfen lassen und nach Belieben mit Tomaten und Petersilie garnieren. Dazu Salat reichen.

izgara köfte
frikadellen nach türkischer art

500 g Hackfleisch von
Rind oder Lamm
2 altbackene Brötchen
2 große Zwiebeln
1/4 Bund Petersilie
2 cl Rakı
1 Ei
Salz, frisch gemahlener Pfeffer
Paprikapulver, Oregano
Fondor, Kreuzkümmel
Sieben-Gewürze-Mischung
Tomatenscheiben und gegrillte
Peperoni zum Garnieren

Das Hackfleisch in eine Schüssel geben. Die Brötchen in warmem Wasser einweichen. Die Zwiebeln schälen und sehr fein hacken oder reiben. Die Petersilie abbrausen, trockentupfen, die Blättchen von den Stielen zupfen und hacken. Die Brötchen ausdrücken und mit Zwiebeln, Petersilie, Rakı, Ei und Gewürzen zum Fleisch geben. Alles zu einem Teig verkneten und ca. 2 Stunden im Kühlschrank ruhen lassen. Danach die Hände anfeuchten, aus dem Fleischteig eigroße, ovale Frikadellen formen und etwas flach drücken. Auf dem Holzkohlegrill oder auf einem Rost unter dem Grill des Backofens ca. 4–6 Minuten grillen. Nach Belieben mit Tomatenscheiben oder gegrillten Peperoni garnieren und kalt oder warm servieren.

israfil'in köftesi
israfils köfte

500 g Hackfleisch von Rind oder Lamm
2 große Zwiebeln
1 altbackenes Brötchen
1 Ei
Salz
frisch gemahlener Pfeffer
Paprikapulver
Kreuzkümmel
Sieben-Gewürze-Mischung
Fondor
1 EL Paniermehl
1 l Sonnenblumenöl zum Frittieren
2 EL Mehl
1 Päckchen Backpulver
Tomatenachtel, Peperoni und Petersilie zum Garnieren

Das Hackfleisch in eine Schüssel geben. Zwiebeln schälen und fein hacken. Das Brötchen in warmem Wasser einweichen, ausdrücken und mit den Zwiebeln zum Hackfleisch geben. Ei und Gewürze zufügen und alles zu einem weichen Teig verarbeiten. Im Kühlschrank ca. 2 Stunden ruhen lassen. Dann mit angefeuchteten Händen walnussgroße Bällchen formen, in Paniermehl wenden und auf Spieße (z.B. Schaschlikspieße) stecken. Das Öl erhitzen, bis an einem hineingehaltenen Holzstäbchen Blasen aufsteigen. Die Fleischspieße darin kurz frittieren. Inzwischen Mehl und Backpulver mit Wasser zu einem flüssigen Teig rühren (etwa wie Pfannkuchenteig). Die vorgegarten Spieße hineintauchen und nochmals im heißen Öl frittieren, bis der Teig leicht gebräunt ist. Auf Küchenpapier abtropfen lassen. Die Spieße auf einer Platte anrichten und mit Tomatenachteln, Peperoni und Petersilie garnieren.

izmir köfte
frikadellen nach izmir-art

500 g Hackfleisch von Rind oder Lamm
2 altbackene Brötchen
2 große Zwiebeln
1/4 Bund Petersilie
Salz
frisch gemahlener Pfeffer
Paprikapulver
Kreuzkümmel
Oregano
Sieben-Gewürze-Mischung
Fondor
4-5 Kartoffeln
2-3 Paprikaschoten (Farbe nach Belieben)
1 EL Paprika- oder Tomatenmark
1 EL Olivenöl
Tomatenscheiben und Peperoni zum Garnieren

Das Fleisch in eine Schüssel geben. Die Brötchen in warmem Wasser einweichen, ausdrücken und zum Fleisch geben. Die Zwiebeln schälen und hacken. Petersilie abbrausen, trockentupfen, die Blättchen abzupfen und hacken. Beides zum Fleisch geben, mit Salz, Pfeffer, Paprikapulver, Kreuzkümmel, Oregano, Sieben-Gewürze-Mischung und Fondor würzen und alles zu einem Teig verarbeiten. 2 Stunden im Kühlschrank ruhen lassen.
Inzwischen die Kartoffeln schälen, in dicke Scheiben schneiden und in Salzwasser ca. 10 Minuten garen. Abgießen und abkühlen lassen. Den Backofen auf 175 °C vorheizen. Paprikaschoten von Stielansatz, Samen und Scheidewänden befreien und quer in Ringe schneiden. Aus dem Fleischteig mit angefeuchteten Händen ovale Frikadellen in Eigröße formen. In eine Auflaufform abwechselnd Frikadellen, Kartoffelscheiben und Paprikaringe einschichten. In einem Topf 1/2 Liter Wasser mit Paprika- oder Tomatenmark, Öl und etwas Salz verrühren, einmal aufkochen und über den Auflauf gießen. Mit Tomatenscheiben und längs halbierten, entkernten und entstielten Peperoni garnieren. Im Backofen ca. 20–30 Minuten garen. Dazu Reis und Salat reichen.

çiğköfte
würzige tatarbällchen

- 2 große Zwiebeln
- 4-6 Knoblauchzehen
- 5 Frühlingszwiebeln
- 2 große Fleischtomaten
- 2 Peperoni
- 1 Bund Petersilie
- 300 g Rindertatar
- 300 g Bulgur (Weizengrütze)
- 2 EL Paprikamark
- Salz
- frisch gemahlener Pfeffer
- Paprikapulver
- Chilipulver
- Kreuzkümmel
- Sieben-Gewürze-Mischung
- 2 EL Olivenöl
- Salatblätter
- 2 Zitronen

Zwiebeln und Knoblauch schälen, Frühlingszwiebeln putzen. Die Tomaten mit einem scharfen Messer dünn schälen und vom Stielansatz befreien. Peperoni halbieren, von Stielansatz, Samen und Scheidewänden befreien. Petersilie waschen, trockentupfen, von drei Vierteln die Blättchen abzupfen, den Rest für die Garnitur beiseite legen. Jede Zutat einzeln sehr fein hacken und in Schälchen füllen. Tatar mit Bulgur in einer Schüssel 10 Minuten kneten. Nach und nach die vorbereiteten Zutaten sowie das Paprikamark einarbeiten und jeweils gründlich unterkneten; insgesamt weitere 30 Minuten, bis eine weiche Paste entstanden ist. Gewürze, Petersilie und Öl zugeben und wiederum 10 Minuten kneten. Die Mischung zu walnussgroßen Bällchen formen, in der Mitte mit dem Finger eindrücken. Eine Platte mit abgebrausten und trockengetupften Salatblättern auslegen, die Tatarbällchen darauf anrichten, mit Petersilie und Achteln von 1 Zitrone garnieren. Die andere Zitrone auspressen. Zum Verzehr die Çiğköfte in ein Salatblatt legen, darüber Zitronensaft träufeln und essen – ohne Besteck! Dazu reicht man Ayran.

Der Prophet Ibrahim sollte wegen seiner Verkündigungen von den Machthabern der Stadt Urfa bei lebendigem Leib verbrannt werden. Die Bevölkerung aber liebte ihn, und aus Solidarität zu ihm ließ man in allen Haushalten die Feuer ausgehen. Da das Volk sich jedoch ernähren musste, nahmen sie die Zutaten, die sie zu Hause hatten, und kneteten sie, statt sie zu kochen, zu einer geschmeidigen Paste. Seitdem werden in dieser Gegend fast zu jeder Mahlzeit – sozusagen wie Brot zur Suppe – diese sehr scharfen Çiğköfte gereicht (Çiğköfte bedeutet rohe Frikadellen).

suluköfte
königsberger klopse osmanische art

300 g Hackfleisch von Rind oder Lamm
1 EL Reis
1 große Zwiebel
Salz
frisch gemahlener Pfeffer
Fondor
3 EL Mehl
3 EL Olivenöl
2 Kartoffeln
2 Möhren
2 Eigelb
Saft von 2 Zitronen

Das Hackfleisch und den ungegarten Reis in einer Schüssel vermischen. Die Zwiebel schälen, fein hacken und zum Fleisch geben. Mit Salz, Pfeffer und Fondor würzen, zu einem Teig verkneten und daraus mit feuchten Händen haselnussgroße Bällchen formen. Diese in 2 Esslöffeln Mehl wenden. 1 Esslöffel Öl in einer Pfanne erhitzen und die Köfte darin ganz kurz anbraten.
Kartoffeln und Möhren putzen bzw. schälen und in Würfel schneiden. In einem Topf das verbliebene Olivenöl erhitzen, das restliche Mehl darin anschwitzen und mit 1 Liter Wasser ablöschen. Zum Kochen bringen und das Gemüse darin ca. 10 Minuten garen. Die Fleischklößchen dazugeben und bei kleiner Hitze ca. 15 Minuten köcheln lassen. Inzwischen von der Brühe einen Schöpflöffel abnehmen, etwas abkühlen lassen und mit den mit Zitronensaft verquirlten Eigelben vermischen. Die Mischung langsam zurück in den Topf gießen und weitere ca. 5 Minuten erhitzen ohne zu kochen. Dazu Brot reichen.

izgara kanat
gegrillte hähnchenflügel

2 kg Hähnchenflügel
1 große Zwiebel
4 Knoblauchzehen
1 EL Paprikamark
1/2 l Olivenöl
0,33 l Bier (1 Flasche oder Dose)
Salz, frisch gemahlener Pfeffer
Paprikapulver, Oregano
Fondor, Kreuzkümmel
Sieben-Gewürze-Mischung

Die Hähnchenflügel waschen, trockentupfen und in eine Schüssel füllen. Die Zwiebel schälen und in Ringe schneiden. Den Knoblauch schälen und fein hacken. Die vorbereiteten Zutaten mit Paprikamark, Olivenöl, Bier und Gewürzen zu den Hähnchenflügeln geben und alles gut miteinander vermischen. 6–8 Stunden im Kühlschrank marinieren lassen, damit das Fleisch die Würze annimmt und schön zart wird. Die Flügel auf dem Holzkohlegrill oder auf einem Rost unter dem Grill des Backofens ca. 6–8 Minuten grillen. Mit Salat und Fladenbrot servieren.

Izgara Kanat ist in der Türkei besonders im Sommer ein sehr beliebtes Gericht.

kayısı kebabı
aprikosenkebab

1 kg Hähnchenbrustfilet
4 große Zwiebeln
4 Knoblauchzehen
2 türkische Paprikaschoten oder Peperoni
4 große Tomaten
200 g getrocknete Aprikosen
1 EL Öl
Salz
frisch gemahlener Pfeffer
Paprikapulver
Fondor
Sieben-Gewürze-Mischung

Das Hähnchenfleisch waschen, trockentupfen, von Sehnen befreien und klein würfeln. Zwiebeln und Knoblauch schälen und grob hacken. Die Paprikaschoten oder Peperoni halbieren, von Stielansatz, Samen und Scheidewänden befreien und in kleine Würfel schneiden. Die Tomaten mit kochendem Wasser überbrühen, häuten und wie die Aprikosen ebenfalls würfeln.
In einer weiten beschichteten Pfanne (oder der elektrischen Pfanne, siehe Tipp) das Öl erhitzen. Darin erst Zwiebeln, Paprika und Knoblauch andünsten, dann das Fleisch dazugeben und anbraten. Zuletzt Tomaten und Aprikosen zufügen, mit Salz, Pfeffer, Paprikapulver, Fondor und Sieben-Gewürze-Mischung würzen und ca. 15 Minuten garen. Das Gericht warm mit Reis servieren.

Die elektrische Pfanne ist eine beschichtete Pfanne, ähnlich einem großen Wok, in der sowohl Lahmacun als auch Fisch- und Fleischgerichte schnell und schmackhaft zubereitet werden können. Man kann sie in gut sortierten Supermärkten und in türkischen Geschäften sehr günstig erwerben.

Die türkische Paprika unterscheidet sich von unserer Gemüsepaprika durch eine hellgrüne Farbe und eine spitz zulaufende Form. Es gibt sie, ähnlich wie Peperoni, von mild bis scharf (je dunkler, desto schärfer) in türkischen Lebensmittelgeschäften zu kaufen.

hamsi tavası
frittierte sardellen

1 kg frische Sardellen
2 Zitronen
Salz, frisch gemahlener Pfeffer
Fondor
1 EL Olivenöl
200 g Weizenmehl oder Maismehl
Sonnenblumenöl zum Frittieren

Die Sardellen von Köpfen und Innereien befreien, gründlich waschen und trockentupfen. Den Saft von 1 Zitrone mit Salz, Pfeffer, Fondor und Olivenöl vermischen. Die Fische mit dieser Mischung einreiben. Das Mehl auf einen Teller geben und die Sardellen darin wenden. In einem Topf das Sonnenblumenöl erhitzen, bis an einem hineingehaltenen Stäbchen Blasen aufsteigen. Die Sardellen darin portionsweise goldbraun frittieren. Herausnehmen und auf Küchenpapier abtropfen lassen. Die Fische auf einer Platte anrichten und mit der verbliebenen Zitrone in Scheiben oder Achteln garnieren.

Hamsi ist im Schwarzen Meer sehr häufig. Es handelt sich bei diesem Fisch um eine Art Sardelle, er ist jedoch viel kleiner als diese. In der Schwarzmeer-Region wird er zu unzähligen Gerichten verarbeitet, und fast jeder Einwohner weiß auf Anhieb mehrere Hamsi-Witze zu erzählen.
Da man den Fisch bei uns nur schwer bekommen kann (manchmal wird er in türkischen Läden angeboten), nehmen Sie stattdessen frische Sardellen. Zur Not können Sie diese auch durch Sprotten oder kleine Sardinen ersetzen.

barbunya izgara
gegrillte rotbarben

1 kg Rotbarben
4 EL Olivenöl
2 Zitronen
1 EL Lorbeerblätter
Salz
frisch gemahlener Pfeffer
Fondor

Die Fische mit einem scharfen Messer unter fließendem Wasser schuppen, am Bauch aufschneiden und die Innereien entfernen. Die Barben gründlich waschen und trockentupfen. Öl, Saft von 1 Zitrone, Lobeerblätter, Salz, Pfeffer und Fondor verrühren und die Fische mit der Würzmischung innen und außen einreiben. In eine flache Schale legen und 2 Stunden im Kühlschrank marinieren lassen.
Die Fische kurz vor dem Servieren aus dem Sud nehmen und auf dem Holzkohlegrill oder unter dem Grill des Backofens 8–10 Minuten garen. Die zweite Zitrone in Scheiben schneiden, den Fisch damit garnieren. Dazu Salat reichen.

sebzeli sombalığı
lachs mit gemüse

4-6 Lachskoteletts
3-4 EL Olivenöl
Saft von 1 Zitrone
8 Lorbeerblätter
Salz
frisch gemahlener Pfeffer
Fondor
Paprikapulver
3-4 Zwiebeln
4-5 Knoblauchzehen
3-4 Paprikaschoten
2 Möhren
1 Dose geschälte Tomaten (à 800 g)
1 Zitrone in Scheiben

Die Lachskoteletts gründlich waschen und trockentupfen. 2 Esslöffel Öl, Zitronensaft, 4 Lorbeerblättern, Salz, Pfeffer, Fondor und Paprikapulver verrühren und den Fisch mindestens 2 Stunden in der Marinade ziehen lassen. Zwischendurch nicht wenden.
Inzwischen die Zwiebeln schälen und in Ringe schneiden. Knoblauch schälen und in Scheibchen schneiden. Paprikaschoten halbieren, von Stielansatz, Samen und Scheidewänden befreien, in Ringe schneiden. Möhren putzen, schälen und würfeln. Die Dosentomaten samt Saft pürieren. Das restliche Öl in einer hochwandigen Pfanne erhitzen. Zwiebeln, Knoblauch, Paprika und Möhren darin andünsten. Die pürierten Tomaten zugeben, mit Salz, Pfeffer, Fondor, Paprikapulver und den restlichen Lorbeerblättern würzen. Die Lachsstücke aus dem Sud heben und in die Pfanne legen. Kurz dünsten, dann wenden. Mit Zitronenscheiben belegen, den Deckel auflegen und bei geringer Hitze 15 Minuten garen. Dazu Reis, Salat und Brot reichen.

uskumru buğlaması
makrelen im backofen

- 4-6 Makrelen
- 3 EL Olivenöl
- 2-3 Zitronen
- Salz
- frisch gemahlener Pfeffer
- Fondor
- 4-5 Lorbeerblätter
- 4-5 große Zwiebeln
- 4-6 Knoblauchzehen
- 1 Dose geschälte Tomaten (à 800 g)
- 1/2 Bund Petersilie
- 4-6 Tomaten

Die Makrelen am Bauch einschneiden, ausnehmen, innen und außen gründlich waschen, trockentupfen und die ganzen Fische jeweils quer in 3–4 Abschnitte teilen. Aus Olivenöl, Saft von 1 Zitrone, Salz, Pfeffer, Fondor und Lorbeerblättern eine Marinade rühren. Den Fisch innen und außen damit einpinseln, in eine flache Schale legen und im Kühlschrank ca. 2 Stunden marinieren. Inzwischen die Zwiebeln schälen und in Ringe schneiden. Knoblauch schälen und in Scheibchen schneiden. Die Dosentomaten samt Saft im Mixer pürieren. Die Petersilie abbrausen, trockentupfen und die Blättchen abzupfen (nicht hacken).
Den Backofen auf 175 °C vorheizen. Den marinierten Fisch in eine Auflaufform legen, Zwiebeln, Knoblauch und Tomatenpüree darauf verteilen. Die verbliebenen 1–2 Zitronen und die frischen Tomaten in dicke Scheiben schneiden (dabei den Stielansatz entfernen). Das Gericht damit abdecken und die Marinade darüber gießen. Im Ofen ca. 30 Minuten garen. Die Makrelen mit Petersilie bestreut servieren. Dazu Brot und Salat oder Reis reichen.

midye dolması
gefüllte muscheln

3 Zwiebeln
2 Tomaten
1/2 Bund Dill
1/2 Bund Petersilie
100 g Korinthen
200 g Reis
4 EL Olivenöl
100 g Pinienkerne
Salz
frisch gemahlener Pfeffer
Paprikapulver
Piment
Zimt
Nelkenpulver
4 Stück Würfelzucker
30–50 große Miesmuscheln
1/2 l kochendes Wasser
1 Zitrone in Scheiben

Die Zwiebeln schälen und hacken. Tomaten mit kochendem Wasser überbrühen, häuten, vom Stielansatz befreien und sehr fein würfeln. Die Kräuter abbrausen und trockentupfen. Die Blättchen bzw. Spitzen von den Stielen zupfen und fein hacken. Die Korinthen und den Reis getrennt voneinander ca. 2 Stunden in warmem Wasser einweichen lassen.
3 Esslöffel Öl in einem Topf erhitzen, Zwiebeln und Pinienkerne darin andünsten, bis sie leicht Farbe genommen haben. Tomaten und Kräuter zufügen, mit Salz, Pfeffer, Paprikapulver, Piment, Zimt und Nelkenpulver würzen. Den Reis in einem Sieb abspülen, abtropfen lassen und mit den ebenfalls abgetropften Korinthen in den Topf geben. Etwa das anderthalbfache Volumen an Wasser zugießen und den Zucker zugeben. Bei geringer Hitze kochen lassen, bis die Flüssigkeit aufgesogen ist. Den Reis abkühlen lassen.
In der Zwischenzeit die Muscheln unter fließendem Wasser gut bürsten, die Bärte entfernen. Beschädigte Exemplare wegwerfen. Jede Muschel mit einem spitzen Messer öffnen, mit dem vorbereiteten Reis füllen, wieder schließen und mit Küchengarn umwickeln. Die Miesmuscheln in einen Topf schichten. Kochendes Wasser mit 1 Esslöffel Olivenöl vermischen und über die Muscheln gießen. Mit einem umgedrehten Teller beschweren und bei geringer Hitze 20–30 Minuten garen. Abkühlen lassen, das Garn entfernen und die Muscheln mit Zitronenscheiben garniert servieren.

eintöpfe & schmorgerichte

tencere yemeleri ve eltli sulu yemekler

Die Zubereitung der herrlichen Gerichte in diesem Kapitel ist relativ arbeits- und zeitaufwendig, daher verzichten viele Restaurants darauf, sie auf ihren Speisekarten zu führen. Nichtsdestotrotz sind diese – oft gefüllten oder gewickelten – Speisen typisch für die osmanische Küche und gehören heute zur klassischen Hausmannskost. Zu gefüllten und gewickelten Schmorgerichten reicht man in der Regel Joghurt und Brot.

Gefüllte Auberginen,
Rezept S. 40

karnıyarık
gefüllte auberginen

2 große Zwiebeln
5 Peperoni
1 Bund Petersilie
2 EL Olivenöl
250 g Hackfleisch von Rind oder Lamm
4 große Tomaten
2 EL Paprika- oder Tomatenmark
Salz, frisch gemahlener Pfeffer
Sieben-Gewürze-Mischung
Fondor
Paprikapulver
4 Auberginen
1 l Sonnenblumenöl zum Frittieren
1/8 l kochendes Wasser

Wörtlich übersetzt bedeutet der türkische Name dieses köstlichen Gerichts: Der Bauch ist aufgeschlitzt!

Die Zwiebeln schälen und fein hacken. 2 Peperoni vom Stielansatz befreien und in dünne Scheiben schneiden. Petersilie abbrausen, trockentupfen, die Blättchen abzupfen und fein hacken. Öl in einer Pfanne erhitzen. Zwiebeln und Peperoni darin anschwitzen. Das Hackfleisch dazugeben und scharf anbraten. 2 Tomaten vom Stielansatz befreien, klein schneiden und mit 1 Esslöffel Paprika- oder Tomatenmark im Mixer pürieren. Zum Fleisch in die Pfanne geben. Zum Schluss die gehackte Petersilie unterrühren, mit Salz, Pfeffer, Sieben-Gewürze-Mischung, Fondor und Paprikapulver würzen und weitere 2–3 Minuten braten. Die Pfanne vom Herd nehmen und abkühlen lassen.

Inzwischen die Auberginen putzen, abwechselnd längs einen ca. 2 Zentimeter breiten Streifen abschälen und einen ebenso breiten Streifen Schale stehen lassen, so dass die Frucht insgesamt gestreift ist. Ca. 2 Stunden in Salzwasser legen (die Auberginen ziehen dann beim Frittieren kein Öl). Herausnehmen und trockentupfen.

Das Sonnenblumenöl in einem breiten Topf erhitzen, bis an einem hineingehaltenen Holzstäbchen Blasen aufsteigen. Die Auberginen darin goldbraun frittieren. Herausheben und auf Küchenpapier abtropfen lassen.

Den Backofen auf 200 °C vorheizen. Die Auberginen in eine feuerfeste Form legen, längs aufschlitzen, in die Öffnungen die Hackfleischmasse füllen. Das Fruchtfleisch nicht aushöhlen!

Die restlichen Tomaten in Scheiben schneiden (dabei vom Stielansatz befreien) und die Auberginen damit bedecken. Die verbliebenen Peperoni vom Stielansatz befreien, in Ringe schneiden und zwischen den Tomatenscheiben anordnen. Das kochende Wasser mit dem verbliebenen Esslöffel Paprika- oder Tomatenmark vermischen und über das Gemüse gießen. Im Ofen ca. 15 Minuten garen. Zu den gefüllten Auberginen Reis, Salat und Ayran servieren.

kuru patlıcan dolması
gefüllte trockenauberginen

ca. 20-25 getrocknete Auberginen
Salz
2-3 Zwiebeln
1 Dose geschälte Tomaten (à 400 g)
2 EL Paprika- oder Tomatenmark
250 g Hackfleisch von
Rind oder Lamm
100 g Reis
3 EL Olivenöl
1/8 l warmes Wassser
frisch gemahlener Pfeffer
Paprikapulver
Sieben-Gewürze-Mischung
Oregano
Fondor
Kreuzkümmel
getrocknete Minze
20-25 Tomatenscheiben

Die getrockneten Auberginen ca. 5 Minuten in Salzwasser blanchieren, herausheben, mit kaltem Wasser abschrecken und abtropfen lassen. Die Zwiebeln schälen und hacken. Die Dosentomaten samt Saft mit 1 Esslöffel Paprika- oder Tomatenmark im Mixer pürieren. Das Püree mit Hackfleisch, dem ungegarten Reis, 2 Esslöffeln Olivenöl und warmem Wasser in einer Schüssel zu einem Teig verarbeiten. Mit Salz, Pfeffer, Paprikapulver, Sieben-Gewürze-Mischung, Oregano, Fondor, Kreuzkümmel und Minze würzen.
Die Auberginen mit dem Fleischteig füllen (sie sind bereits fertig ausgehöhlt) und jeweils mit einer Tomatenscheibe abdecken. Das Gemüse in einen Topf schichten. Das restliche Olivenöl in einem kleinen Topf erhitzen, das verbliebene Paprika- oder Tomatenmark darin anrösten. Ca. 1 Liter Wasser dazugießen, salzen und zum Kochen bringen. Die Sauce über die Auberginen gießen, mit einem umgedrehten Teller beschweren und bei geringer Hitze ca. 40–45 Minuten garen. Dazu Joghurt und Brot servieren.

Dieses Gericht stammt aus Ostanatolien. Dort werden im Sommer Auberginen, Paprikaschoten oder Zucchini ausgehöhlt und in der Sonne getrocknet. Im Winter dann gefüllt und zubereitet, sind sie eine sehr beliebte Hauptspeise. Getrocknete Auberginen erhält man in türkischen Lebensmittelgeschäften.

patlıcan kebabı
kebab mit auberginen

4 lange, dünne Auberginen
Salz
2 mittelgroße Zwiebeln
2 Scheiben altbackenes Brot
500 g Hackfleisch von Rind oder Lamm
frisch gemahlener Pfeffer
Köftegewürz
Paprikapulver
Kreuzkümmel
Fondor
Sonnenblumenöl zum Frittieren
1 Dose geschälte Tomaten (à 800 g)
1 EL Paprika- oder Tomatenmark
3 Fleischtomaten
4 türkische Paprikaschoten oder Peperoni

Die Auberginen putzen und längs in Streifen schälen, so dass abwechselnd 1 Zentimeter Schale entfernt wird und ein ebenso breiter Streifen stehen bleibt. Die Früchte quer in 3 Abschnitte teilen und in Salzwasser legen, bis die anderen Zutaten vorbereitet sind.

Die Zwiebeln schälen und fein hacken. Das Brot in warmem Wasser einweichen, ausdrücken und mit Hackfleisch und Zwiebeln in eine Schüssel geben. Mit Salz, Pfeffer, Köftegewürz, Paprikapulver, Kreuzkümmel und Fondor würzen. Alles zu einem weichen Teig verkneten und im Kühlschrank 1/2 Stunde ruhen lassen.

Danach aus dem Fleischteig mit angefeuchteten Händen flache, runde Frikadellen formen. Die Auberginen aus dem Wasser nehmen, mit Küchenpapier trockentupfen. Den Backofen auf 170 °C vorheizen. Das Sonnenblumenöl erhitzen, bis an einem hineingehaltenen Holzstäbchen Blasen aufsteigen. Die Auberginen darin portionsweise ganz kurz frittieren, ebenso die Frikadellen. In einer flachen Auflaufform die Auberginenstücke wieder zu ganzen Früchten zusammensetzen, zwischen die Schnittflächen hochkant die Frikadellen einschichten. Die Dosentomaten im Mixer mit dem Paprika- oder Tomatenmark pürieren und über den Auflauf gießen. Die Fleischtomaten in Scheiben schneiden, dabei vom Stielansatz befreien. Die Paprikaschoten oder Peperoni längs halbieren, von Stielansatz, Samen und Scheidewänden befreien. Das Gericht mit Tomatenscheiben und Paprika- oder Peperonihälften bedecken. Im Backofen ca. 15 Minuten garen. Dazu Bauernpilaw (Rezept S. 75), knackigen Salat und Brot reichen.

kabak dolması
gefüllte zucchini

2 Zwiebeln
1/2 Bund Petersilie
1/2 Bund Dill
2 große Tomaten
250 g Hackfleisch von Rind oder Lamm
2 EL Paprika- oder Tomatenmark
1 TL getrocknete Minze
1 Tasse Reis (ca. 100 g)
2 EL Olivenöl
Salz, frisch gemahlener Pfeffer
Paprikapulver
Sieben-Gewürze-Mischung
6 kleine Zucchini
6 Tomatenscheiben zum Abdecken

Zwiebeln schälen und fein hacken. Petersilie und Dill abbrausen, trockentupfen, Blättchen bzw. Spitzen von den Stielen zupfen und fein hacken. Die Tomaten mit einem scharfen Messer dünn schälen, vom Stielansatz befreien und fein würfeln. Alles zum Hackfleisch in eine Schüssel geben, mit 1 Esslöffel Paprika- oder Tomatenmark, Minze, ungegartem Reis, 1/8 Liter Wasser und 1 Esslöffel Öl vermengen, mit Salz, Pfeffer, Paprikapulver und Sieben-Gewürze-Mischung würzen.

Die Zucchini mit dem Sparschäler schälen. Den Stielansatz abschneiden und das Gemüse von dort aus mit einem scharfen Löffel oder einem Apfelausstecher vorsichtig aushöhlen. Die Hackfleischmischung einfüllen. Die offene Stelle mit einer Tomatenscheibe verschließen. Die Zucchini mit den Tomaten nach oben nebeneinander aufrecht in einen Topf stellen. 1/2 Liter Wasser mit dem verbliebenen Paprika- oder Tomatenmark, Salz und dem restlichen Öl vermischen, zum Kochen bringen und über die Zucchini gießen. Das gefüllte Gemüse mit einem umgedrehten Teller beschweren und ca. 20–30 Minuten bei mittlerer Hitze garen. Dazu Joghurt servieren.

biber dolması
gefüllte paprikaschoten

2 große Zwiebeln
2 große Tomaten
300 g Hackfleisch von Rind oder Lamm
100 g Reis
2 EL Olivenöl
Salz, frisch gemahlener Pfeffer
Paprikapulver
Fondor
Sieben-Gewürze-Mischung
Oregano
8 Paprikaschoten
1 EL Paprikamark

Die Zwiebeln schälen und fein hacken. Die Tomaten auf der Küchenreibe reiben oder im Mixer pürieren, zuvor vom Stielansatz befreien. Beides mit Hackfleisch, ungegartem Reis und 1 Esslöffel Olivenöl in eine Schüssel geben. Mit Salz, Pfeffer, Paprikapulver, Fondor, Sieben-Gewürze-Mischung und Oregano würzen und zu einem Teig verarbeiten.
Von den Paprikaschoten oben einen Deckel abschneiden, Samen und Scheidewände entfernen. Die Schoten mit der Hackfleischmischung füllen, den Deckel wieder aufsetzen und die Paprika nebeneinander aufrecht in einen Topf stellen. 1/2 Liter Wasser mit Salz, Paprikamark und dem restlichen Olivenöl zum Kochen bringen und über das Gemüse gießen. Die gefüllten Paprika mit einem umgedrehten Teller beschweren und bei geringer Hitze ca. 40 Minuten garen. Dazu Brot und Joghurt reichen.

yaprakı dolması
gefüllte weinblätter mit fleisch

2–3 große Zwiebeln
500 g Hackfleisch vom Rind
100 g Reis
2 EL Olivenöl
2 EL Paprika- oder Tomatenmark
Salz, frisch gemahlener Pfeffer
Sieben-Gewürze-Mischung
Paprikapulver
1 TL getrocknete Minze
500 g Weinblätter (frisch oder eingelegt)

Weinblätter kann man frisch oder eingelegt in jedem türkischen Lebensmittelgeschäft kaufen.

Zwiebeln schälen und sehr fein hacken. Mit Hackfleisch, ungegartem Reis, 1 Esslöffel Olivenöl und 1 Esslöffel Paprika- oder Tomatenmark in eine Schüssel geben. Mit Salz, Pfeffer, Sieben-Gewürze-Mischung, Paprikapulver und Minze würzen und zu einem weichen Teig kneten. Frische Weinblätter in Salzwasser blanchieren, mit kaltem Wasser abschrecken und trockentupfen. Eingelegte Weinblätter einzeln sorgfältig waschen und zum Entsalzen einige Stunden wässern. Die Stängel der Blätter knicken, damit sie sich besser rollen lassen. Je 1 Blatt auf der Arbeitsfläche ausbreiten, 1 Teelöffel Füllung darauf setzen, das Blatt an den Seiten etwas einschlagen und aufrollen. Die Röllchen in einen Topf schichten. 1/2 Liter Salzwasser mit dem restlichen Öl und Paprika- oder Tomatenmark zum Kochen bringen, über die Weinblätter gießen. Mit einem umgedrehten Teller beschweren und bei geringer Hitze 45–50 Minuten garen. Warm mit Joghurt servieren.

lahana sarması
türkische kohlrouladen

1 Weißkohl (ersatzweise Wirsing)
Salz
2–3 Zwiebeln
1 Dose geschälte Tomaten (à 400 g)
2 EL Paprika- oder Tomatenmark
400 g Hackfleisch von Rind oder Lamm
100 g Reis
3 EL Olivenöl
1/8 l warmes Wasser
frisch gemahlener Pfeffer
Paprikapulver
Oregano
Fondor
Sieben-Gewürze-Mischung
Kreuzkümmel
frisch gehackte oder getrocknete Minze

Den Kohl putzen, beschädigte Blätter entfernen und den Strunk keilförmig herausschneiden. Die Kohlblätter ablösen und in Salzwasser 2–4 Minuten blanchieren. Herausheben und mit kaltem Wasser abschrecken.

Die Zwiebeln schälen und fein hacken. Die Tomaten samt Saft und 1 Esslöffel Paprika- oder Tomatenmark im Mixer pürieren. Zwiebeln und Tomatenpüree mit dem Hackfleisch, ungegartem Reis, 2 Esslöffeln Öl und warmem Wasser in eine Schüssel geben. Mit Salz, Pfeffer, Paprikapulver, Oregano, Fondor, Sieben-Gewürze-Mischung, Kreuzkümmel und Minze würzen und alles zu einem Teig verkneten.

Jeweils 1 Kohlblatt auf der Arbeitsplatte ausbreiten, 1 Esslöffel von der Fleischfüllung darauf setzen und die Seiten darüber einschlagen. Das Blatt zigarrenförmig aufrollen. Den Vorgang wiederholen, bis Blätter und Füllung aufgebraucht sind. Die Kohlrouladen in einen Topf schichten. Das restliche Olivenöl in einem anderen Topf erhitzen, das verbliebene Paprika- oder Tomatenmark darin anrösten. Ca. 1 Liter Wasser zugießen, salzen und zum Kochen bringen. Die Sauce über die Rouladen gießen. Diese mit einem umgedrehten Teller beschweren und bei geringer Hitze ca. 45 Minuten garen. Dazu Joghurt reichen.

hünkar beğendi
auberginengericht „dem sultan hat es gefallen“

4-5 Auberginen
2 EL Butter oder Margarine
2 EL Mehl
300 ml Milch
150 g geriebener Käse (z.B. türkischer Kaşarpeyniri oder Gouda)
Salz, frisch gemahlener Pfeffer
1 große Zwiebel
3-4 Knoblauchzehen
4-5 Tomaten
2-3 Peperoni
400 g Rinderfilet
2 EL Olivenöl
Petersilienstängel zum Garnieren

Auberginen putzen, mit einer Gabel rundherum mehrfach einstechen und im Ganzen auf den Rost des Backofens legen. Ca. 40 Minuten bei 220 °C backen, bis sie weich sind. Herausnehmen, etwas abkühlen lassen, dann die Haut abziehen. Das Fruchtfleisch im Mixer pürieren. Butter oder Margarine in einem Topf zerlassen. Das Mehl einrühren und leicht bräunen lassen. Dann unter ständigem Rühren die Milch zugießen. Den Käse zugeben und weiterrühren, bis er geschmolzen ist. Das Auberginenpüree in die Käsesauce rühren, mit Salz und Pfeffer würzen. Die Mischung in eine flache Schale umfüllen und warm stellen.

Zwiebel und Knoblauchzehen schälen und hacken. Die Tomaten mit kochendem Wasser überbrühen, häuten, würfeln und dabei den Stielansatz entfernen. Die Peperoni halbieren, von Stielansatz, Samen und Scheidewänden befreien und fein hacken. Das Rindfleisch in Würfel von ca. 1,5 Zentimetern Kantenlänge schneiden. Das Öl in einer Pfanne erhitzen. Zwiebel und Knoblauch darin glasig werden lassen. Tomaten und Peperoni zugeben und mit anschwitzen. Das Rindfleisch zufügen und 2–3 Minuten braten. Fleisch und Gemüse auf der Auberginenmasse verteilen, mit Petersilie garnieren und warm servieren. Dazu Joghurt und Brot reichen.

Die Köche in den Palastküchen der osmanischen Sultane waren ununterbrochen damit beschäftigt, neue Gaumenfreuden für die verwöhnten Majestäten zu erfinden. Dass dieses Gericht einen anspruchsvollen Herrscher tatsächlich entzückte, hat ihm seine Berühmtheit eingebracht.

alinazik
auberginengericht aus antep

4-5 große Auberginen
Salz, frisch gemahlener Pfeffer
Paprikapulver
500 g Joghurt
2-3 Knoblauchzehen
ca. 300 g Rinderfilet
1 EL Olivenöl
gehackte Petersilie zum Garnieren

Auberginen putzen, mit einer Gabel rundherum mehrfach einstechen und im Ganzen auf den Rost des Backofens legen. Bei 220 °C ca. 40 Minuten backen, bis sie weich sind. Herausnehmen, etwas abkühlen lassen, dann die Haut abziehen.
Das Fruchtfleisch im Mixer pürieren. Die Masse mit Salz, Pfeffer und Paprikapulver würzen und in eine Schüssel füllen. Den Joghurt in eine Schüssel geben. Die Knoblauchzehen schälen und dazudrücken. Mit dem Joghurt verrühren und salzen.
Die Mischung über das Auberginenpüree geben und glatt streichen. Das Rindfleisch in Würfel von ca. 1,5 Zentimetern Kantenlänge schneiden. Öl in einer Pfanne erhitzen und das Fleisch darin kurz anbraten. Mit Salz und Pfeffer würzen und auf der Joghurtmasse verteilen. Mit gehackter Petersilie garnieren.
Das Gericht kann kalt oder warm, als Hauptgericht oder als Vorspeise serviert werden.

türlü
gemüseeintopf

200 g Rindergulasch
Salz
2-3 Zwiebeln
2-3 Knoblauchzehen
1-2 Kartoffeln
1/2 Sellerieknolle
1 Möhre
1 Stange Lauch
1/2 Blumenkohl
250 g grüne Bohnen
1 Aubergine
1 Zucchini
1 Paprikaschote
3 EL Olivenöl
1 EL Paprika- oder Tomatenmark
frisch gemahlener Pfeffer
Paprikapulver
Fondor
Sieben-Gewürze-Mischung

Das Fleisch in einem großen Topf mit reichlich Salzwasser aufsetzen und ca. 1 Stunde bei geringer Hitze garen. Herausnehmen, abtropfen lassen und etwas kleiner würfeln. Die Brühe beiseite stellen.

Inzwischen Zwiebeln und Knoblauch schälen und grob hacken. Kartoffeln schälen und waschen. Sellerieknolle und Möhre ebenfalls putzen und schälen. Lauch putzen, längs aufschneiden und gründlich waschen. Blumenkohl putzen und in Röschen zerteilen. Bohnen putzen und abfädeln. Aubergine und Zucchini putzen. Paprikaschote, halbieren und von Stielansatz, Samen und Scheidewänden befreien. Das vorbereitete Gemüse grob würfeln bzw. in mundgerechte Stücke schneiden.

Öl in einem großen Topf erhitzen. Zwiebeln und Knoblauch darin anschwitzen. Das Fleisch zugeben und anbraten. Paprika- oder Tomatenmark und das Gemüse zugeben, mit Salz, Pfeffer, Paprikapulver, Fondor und Sieben-Gewürze-Mischung würzen; 5 Minuten schmoren lassen. 2 Liter von der Fleischbrühe angießen. Den Eintopf bei kleiner Flamme ca. 40–45 Minuten garen. Warm mit Brot servieren.

güveç
gemüse und fleisch im tontopf

250 g Rindergulasch
Salz
2–3 Zwiebeln
2–3 Kartoffeln
1 Möhre
1 kleine Sellerieknolle
1 Stange Lauch
1 Aubergine
1 Zucchini
2 Paprikaschoten
3 EL Olivenöl
frisch gemahlener Pfeffer
Paprikapulver
Fondor
Sieben-Gewürze-Mischung
1 EL Paprika- oder Tomatenmark
1 Dose geschälte Tomaten (à 800 g)

Das Fleisch etwas kleiner würfeln, in einem Topf mit reichlich Salzwasser zum Kochen bringen und bei geringer Hitze 60–90 Minuten garen. Danach mit einem Schaumlöffel herausheben und abtropfen lassen. Die Brühe beiseite stellen. Inzwischen die Zwiebeln schälen und hacken. Die Kartoffeln schälen und waschen. Möhre und Sellerieknolle putzen und schälen. Lauch putzen und gründlich waschen. Aubergine und Zucchini putzen. Paprikaschoten halbieren, von Stielansatz, Samen und Scheidewänden befreien. Alles vorbereitete Gemüse würfeln, bzw. in mundgerechte Stücke schneiden. Den Backofen auf 150 °C vorheizen. In einem großen Topf das Öl erhitzen. Die Zwiebeln darin andünsten. Das vorgegarte Fleisch zugeben und anbraten. Mit Salz, Pfeffer, Paprikapulver, Fondor und Sieben-Gewürze-Mischung würzen. Das Paprika- oder Tomatenmark zufügen und 3–4 Minuten mitschmoren. Das vorbereitete Gemüse und die Dosentomaten samt Saft zugeben, mit ca. 2 Litern Fleischbrühe aufgießen und 20 Minuten bei geringer Hitze garen. Das Gericht samt Brühe in einen Tontopf (ungewässerter Römertopf) umfüllen und ohne Deckel im Ofen 40–50 Minuten garen. Im Tontopf servieren und dazu Brot reichen.

etli bamya
okraschoten mit fleisch

500 g Okraschoten
Salz
Saft von 1 Zitrone
2-3 Zwiebeln
2 große Tomaten
1 EL Olivenöl
200 g Hackfleisch von Rind oder Lamm
1 EL Paprika- oder Tomatenmark
frisch gemahlener Pfeffer
Paprikapulver
Fondor
Sieben-Gewürze-Mischung
1 Stück Würfelzucker
1 TL Essig oder 1 EL Weißwein

Die Okraschoten putzen, die Stiele dünn schälen (wie einen Bleistift anspitzen), so dass der schleimige Saft nicht austreten kann. Die Schoten in Salzwasser mit Zitronensaft legen. Die Zwiebeln schälen und hacken. Die Tomaten mit kochendem Wasser überbrühen, häuten und grob würfeln, dabei den Stielansatz entfernen. Das Öl in einem Topf erhitzen, die Zwiebeln darin andünsten. Das Hackfleisch zugeben und braun anbraten. Tomaten und Paprika- oder Tomatenmark zufügen. Mit Salz, Pfeffer, Paprikapulver, Fondor und Sieben-Gewürze-Mischung würzen und 5 Minuten schmoren. Die Okraschoten aus dem Zitronenwasser nehmen, abspülen, zum Fleisch geben und so viel Wasser angießen, dass alles gut bedeckt ist. Würfelzucker und Essig oder Weißwein zufügen und den Eintopf 35–40 Minuten garen. Dazu Brot reichen.

taskebabı
schmorfleisch türkischer art

5-6 sehr kleine Zwiebeln (oder 10 Schalotten)
3-4 Peperoni
2-3 Tomaten
2 EL Olivenöl
500 g Rindergulasch
Salz, frisch gemahlener Pfeffer
Oregano
Paprikapulver
Fondor
Sieben-Gewürze-Mischung

Die Zwiebeln schälen und halbieren (Schalotten ganz lassen). Peperoni halbieren, vom Stielansatz befreien und in Scheiben schneiden. Tomaten mit kochendem Wasser überbrühen, häuten und würfeln, dabei den Stielansatz entfernen. Olivenöl in einem Topf erhitzen, das Fleisch darin anbraten, bis keine Flüssigkeit mehr austritt. Zwiebeln und Peperoni kurz mit anbraten, dann die Tomaten zugeben. Mit Salz, Pfeffer, Oregano, Paprikapulver, Fondor und Sieben-Gewürze-Mischung würzen. Ca. 30 Minuten bei sehr geringer Hitze schmoren lassen. Zum Schmorfleisch Brot reichen.

etli taze fasulye
grüne bohnen mit fleisch

300 g Rindergulasch oder
1 Beinscheibe vom Rind
Salz
2–3 Zwiebeln
1 kg frische grüne Bohnen
2 EL Olivenöl
1 EL Paprika- oder Tomatenmark
frisch gemahlener Pfeffer
Paprikapulver
Fondor
Sieben-Gewürze-Mischung

Gulasch oder Beinscheibe mit reichlich Wasser in einen Topf geben, 1 Esslöffel Salz zufügen und ca. 1 Stunde bei geringer Hitze garen. Danach das Fleisch herausheben, abkühlen lassen und in kleine Würfel schneiden. Die Brühe beiseite stellen.

Inzwischen die Zwiebeln schälen und hacken. Die Bohnen putzen, abfädeln und einmal durchbrechen. Das Öl in einem Topf erhitzen, die Zwiebeln darin andünsten. Fleisch und Paprika- oder Tomatenmark zugeben. Mit Salz, Pfeffer, Paprikapulver, Fondor und Sieben-Gewürze-Mischung würzen und ca. 5 Minuten schmoren lassen. Die Bohnen zufügen, ca. 1 1/2 Liter Fleischbrühe angießen und den Eintopf bei geringer Hitze 40–50 Minuten garen. Vor dem Servieren nochmals abschmecken. Dazu Brot reichen.

sebzeli tavukbudu
hähnchenschenkel mit gemüse

4-6 Hähnchenschenkel
Salz, frisch gemahlener Pfeffer
Paprikapulver
Fondor
Sieben-Gewürze-Mischung
1 EL Paprika- oder Tomatenmark
0,33 l Bier (1 Flasche oder Dose)
1/2 l Olivenöl
6 große Kartoffeln
3 Paprikaschoten

Die Hähnchenschenkel gründlich abspülen, mit Küchenpapier abtupfen, mit Salz, Pfeffer, Paprikapulver, Fondor und Sieben-Gewürze-Mischung einreiben und in eine Schüssel legen.
Paprika- oder Tomatenmark, das Bier und das Olivenöl verrühren, die Hähnchenschenkel damit übergießen, so dass sie bedeckt sind, und im Kühlschrank mindestens 2 Stunden, am besten aber über Nacht, marinieren lassen.
Den Backofen auf 200 °C vorheizen. Kartoffeln schälen, waschen, in dicke Scheiben schneiden und 5 Minuten in Salzwasser vorgaren. Herausnehmen und abtropfen lassen. Paprikaschoten halbieren, von Stielansatz, Samen und Scheidewänden befreien und würfeln. Kartoffeln und Paprika auf einem Backblech verteilen, darauf die Hähnchenschenkel legen. Die Marinade darüber gießen und das Gericht im Backofen ca. 40 Minuten garen. Dazu Reis, Brot und Salat reichen.

sebzeli tavuk yemeği
hähncheneintopf mit gemüse

- 1 Hähnchen (ca. 1,2 kg)
- Salz
- 2-3 Zwiebeln
- 4-5 Kartoffeln
- 2-3 Paprikaschoten
- 1 Dose geschälte Tomaten (à 400 g)
- 1 EL Paprika- oder Tomatenmark
- 3 EL Olivenöl
- 1 Dose Erbsen mit Möhren extra fein (à 800 g)
- frisch gemahlener Pfeffer
- Paprikapulver
- Fondor
- Sieben-Gewürze-Mischung

Das Hähnchen gründlich innen und außen abspülen, mit reichlich Salzwasser in einen Topf geben und ca. 40–50 Minuten bei geringer Hitze garen. Danach herausnehmen, abkühlen lassen und grob zerteilen. Die Brühe beiseite stellen.
In der Zwischenzeit die Zwiebeln schälen und grob hacken. Kartoffeln schälen, waschen und würfeln. Paprikaschoten halbieren, von Stielansatz, Samen und Scheidewänden befreien und würfeln. Die Dosentomaten samt Saft und Paprika- oder Tomatenmark im Mixer pürieren.
In einem großen Topf das Öl erhitzen, die Zwiebeln darin andünsten. Kartoffeln und Paprika zugeben und mit anbraten. Das Tomatenpüree sowie die abgetropften Erbsen und Möhren ebenfalls zufügen, mit Salz, Pfeffer, Paprikapulver, Fondor und Sieben-Gewürze-Mischung würzen. Die Hähnchenteile einlegen, ca. 1 1/2 Liter von der Geflügelbrühe zugießen. Den Eintopf 25 Minuten bei geringer Hitze garen. Warm mit Brot servieren.

kalte vegetarische gerichte
zeytinyağlılar

In der Gegend um Marmara und die Ägäis sind die kalten vegetarischen Gerichte sehr berühmt und besonders im Sommer beliebt, weil sie gesund, leicht und appetitlich sind. Sie sind außerdem reich an Vitaminen sowie Mineralien und außerordentlich schmackhaft. Für die Zubereitung verwendet man bestes Olivenöl aus der Region, mit dem geschmort, gewickelt oder gekocht wird – der Fantasie sind da keine Grenzen gesetzt. Die Gerichte, die immer kalt serviert werden sollen, folgen in der klassischen Menüfolge auf den Hauptgang. Sie können aber auch als ein Gericht unter mehreren oder als alleiniges Hauptgericht serviert werden. Meist wird frisches Brot dazu gereicht.

Gefüllte Weinblätter,
Rezept S. 56

zeytinyağlı yaprakdolması
gefüllte weinblätter

500 g frische Weinblätter
(oder eingelegte)
Salz
3 Zwiebeln
3 Tomaten
150 g Reis
3 EL Olivenöl
50 g Korinthen
50 g Pinienkerne
1 EL Tomatenmark
frisch gemahlener Pfeffer
Paprikapulver
Zimt
Piment
Saft von 2 Zitronen
1 unbehandelte
Zitrone in Scheiben

Frische Weinblätter 2–3 Minuten in Salzwasser blanchieren und abkühlen lassen (eingelegte Blätter gründlich abspülen, in heißes Wasser legen und über Nacht wässern). Die Stiele abschneiden. Die Zwiebeln schälen und fein hacken. Die Tomaten vom Stielansatz befreien und auf der Küchenreibe reiben oder im Mixer pürieren. Den Reis in ein Sieb geben, waschen und abtropfen lassen.
2 Esslöffel Öl in einer Pfanne erhitzen, die Zwiebeln darin glasig schwitzen. Tomaten, Reis, Korinthen und Pinienkerne zufügen und dünsten, bis die Pinienkerne leicht Farbe genommen haben. Das Tomatenmark zufügen und mit Salz, Pfeffer, Paprikapulver, Zimt und Piment würzen. 300 Milliliter Wasser angießen und garen, bis die Flüssigkeit vom Reis aufgesogen ist. Die Mischung abkühlen lassen und den Saft von 1 Zitrone unterrühren.
Jeweils 1 Weinblatt auf der Arbeitsplatte ausbreiten, ein wenig Füllung darauf setzen, die Seiten einschlagen und das Blatt zigarrenartig aufrollen. Den Vorgang wiederholen, bis Blätter und Füllung aufgebraucht sind. Die gerollten Weinblätter mit Zitronenscheiben dicht an dicht in einen Topf schichten. 600 Milliliter Wasser mit dem verbliebenen Zitronensaft und dem restlichen Olivenöl vermischen und darüber gießen. Mit einem umgedrehten Teller beschweren und bei geringer Hitze 30 Minuten garen. Abkühlen lassen und auf einer Platte anrichten. Dazu Brot reichen.

zeytinyağlı enginar
artischockenböden mit gemüse

4-6 sehr große Artischocken
3 EL Mehl
Saft von 1 Zitrone
2-3 junge Möhren
Salz
250 g dicke Bohnen
(frische Kerne oder TK)
250 g TK-Erbsen extra fein
3 EL Olivenöl
Saft von 1 Zitrone
2-3 Stück Würfelzucker
frisch gemahlener Pfeffer
1/2 Bund Dill
1 unbehandelte Zitrone in Scheiben

Die Artischocken von den äußeren Blättern befreien. Das „Heu“ mit einem Teelöffel abschaben, den Stiel knapp abschneiden. Die vorbereiteten Artischockenböden in eine Schüssel mit reichlich Wasser, Mehl und Zitronensaft legen, damit sie sich nicht verfärben. Die Möhren putzen, schälen und klein würfeln. In einem großen Topf Salzwasser zum Kochen bringen. Die Artischocken darin 25 Minuten garen. Nach 15 Minuten Garzeit die dicken Bohnen zufügen. Nach weiteren 5 Minuten die Möhren zusammen mit den Erbsen in den Topf geben und mitgaren . Danach das Gemüse herausheben und abtropfen lassen. Von der Brühe 300 Milliliter abmessen und beiseite stellen.
Olivenöl in einem Topf erhitzen, das abgetropfte Gemüse darin andünsten. Die Gemüsekochbrühe angießen, Zitronensaft und Würfelzucker zufügen. Mit Salz und Pfeffer würzen. Den Dill abbrausen, trockentupfen, die Spitzen abzupfen und hacken. Die Hälfte unter das Gemüse mischen und bei sehr geringer Hitze ca. 20 Minuten garen. Danach abkühlen lassen. Die Artischockenböden auf einer Platte anrichten, mit dem Gemüse belegen und abkühlen lassen. Mit dem verbliebenen Dill und Zitronenscheiben garnieren und kalt servieren. Dazu frisches Brot reichen.

zeytinyağlı pırasa
lauch mit olivenöl

1 kg Lauch
2-4 Möhren
2-3 EL Olivenöl
2 Stück Würfelzucker
Saft von 1 Zitrone
Salz
3 EL Reis
Zitronenscheiben zum Garnieren

Den Lauch putzen, längs aufschneiden, gründlich waschen und in 3 Zentimeter lange Stücke schneiden. Möhren putzen, schälen und Stücke von der gleichen Länge teilen. Das Öl in einem Topf erhitzen. Lauch und Möhren darin anbraten. Zucker, Zitronensaft und 1/2 Liter Wasser zufügen. Salzen und 10 Minuten schmoren lassen. Den Reis zufügen und weitere 30 Minuten bei schwacher Hitze garen. Den Pfanneninhalt abkühlen lassen, auf einer Platte anrichten und mit Zitronenscheiben garniert servieren. Dazu Brot reichen.

zeytinyağlı kereviz
sellerie mit olivenöl

1 Sellerieknolle
2-3 Möhren
3-4 Kartoffeln
2-3 EL Olivenöl
Saft von 1 Zitrone
2-3 Stück Würfelzucker
Salz, frisch gemahlener Pfeffer
1/2 TL getrocknete Dillspitzen
1/2 Bund frischer Dill

Sellerieknolle und Möhren putzen, schälen und in Würfel schneiden. Die Kartoffeln schälen, waschen und ebenfalls würfeln. Das Öl in einem Topf erhitzen und das Gemüse darin anbraten. Mit 300 Millilitern Wasser ablöschen, Zitronensaft und Zucker zufügen. Mit Salz, Pfeffer und Dill würzen. Auf kleiner Flamme 30 Minuten garen. Danach abkühlen lassen. Inzwischen den frischen Dill abbrausen, trockentupfen, die Spitzen abzupfen und hacken. Das Gericht auf einer Platte anrichten, abkühlen lassen, mit dem Dill garnieren und kalt servieren. Dazu Brot reichen.

zeytinyağlı barbunya
rote bohnen nach türkischer art

500 g rote Bohnen (getrocknet)
3 Zwiebeln
3 EL Olivenöl
1 EL Tomatenmark
2 Stück Würfelzucker
Salz, frisch gemahlener Pfeffer
Paprikapulver
1/4 Bund Petersilie

Die roten Bohnen über Nacht in reichlich Wasser einweichen lassen. Am nächsten Tag abgießen, mit frischem Wasser aufsetzen und ca. 1 Stunde garen. Abseihen und abtropfen lassen. Die Zwiebeln schälen und fein hacken. Öl in einem Topf erhitzen, die Zwiebeln darin anschwitzen. Das Tomatenmark zugeben und mit anbraten. Bohnen zugeben, mit Zucker, Salz, Pfeffer und Paprikapulver würzen.
600 Milliliter Wasser zugießen und ca. 30 Minuten bei geringer Hitze garen. Die Bohnen in einer Schüssel abkühlen lassen. Die Petersilie abbrausen, trockentupfen, die Blättchen von den Stielen zupfen und hacken. Die Petersilie auf die Bohnen streuen und servieren.

fasulye pilakisi
vegetarisches weiße-bohnen-gericht

500 g weiße Bohnen (getrocknet)
2 Zwiebeln
4-6 Knoblauchzehen
3 dicke Möhren
3 große Tomaten
3 EL Olivenöl
1 TL Tomatenmark
2 Stück Würfelzucker
Salz, frisch gemahlener Pfeffer
Paprikapulver
1/2 Bund Petersilie

Die Bohnen über Nacht in reichlich Wasser einweichen lassen. Am nächsten Tag abgießen, mit frischem Wasser aufsetzen und in ca. 1 Stunde weich kochen, danach abseihen und abtropfen lassen. Die Zwiebeln schälen und in Ringe schneiden. Knoblauchzehen schälen und in Scheibchen schneiden. Möhren putzen, schälen und in Scheiben schneiden. Tomaten ebenfalls in Scheiben schneiden, dabei den Stielansatz entfernen.
Olivenöl in einem Topf erhitzen, Zwiebeln, Knoblauch und Möhren darin anschwitzen. Tomaten zugeben und mit anbraten. Bohnen und Tomatenmark zufügen, mit Zucker, Salz, Pfeffer und Paprikapulver würzen. 600 Milliliter Wasser angießen und das Gericht ca. 30 Minuten bei geringer Hitze garen. Danach abkühlen lassen und in eine Schüssel füllen. Die Petersilie abbrausen, trockentupfen, die Blättchen abzupfen und hacken. Die Bohnen damit bestreuen und servieren. Dazu Brot reichen.

zeytinyağlı bakla
dicke bohnen mit olivenöl

2 Zwiebeln
500 g junge dicke Bohnen in der Schote
1/2 Bund Dill
3 EL Olivenöl
Saft von 1 Zitrone
2 Stück Würfelzucker
Salz, frisch gemahlener Pfeffer

Die Zwiebeln schälen und hacken. Von den Bohnenschoten die Fäden abziehen, die Schoten halbieren und waschen. Den Dill abbrausen, trockentupfen, die Spitzen abzupfen und hacken. Öl in einem Topf erhitzen, die Zwiebeln darin andünsten. Die Bohnen zufügen, Dill, Zitronensaft und Zucker unterrühren. 500 Milliliter Wasser angießen und mit Salz und Pfeffer würzen. Bei geringer Hitze 30–40 Minuten garen. Das Gemüse abkühlen lassen, auf einer Platte anrichten und mit Joghurtsauce (siehe S. 64) servieren. Dazu Brot reichen.

zeytinyağlı taze fasulye
grüne bohnen mit olivenöl

2 große Zwiebeln
3 große Tomaten
500 g grüne Bohnen
3 EL Olivenöl
1 EL Tomatenmark
Salz, frisch gemahlener Pfeffer
Paprikapulver
3 Stück Würfelzucker

Die Zwiebeln schälen und hacken. Die Tomaten mit kochendem Wasser überbrühen, häuten und klein würfeln, dabei den Stielansatz entfernen. Die Bohnen abfädeln, halbieren und waschen. Das Öl in einem Topf erhitzen, die Zwiebeln darin andünsten. Tomatenmark, Tomaten und Bohnen zufügen. Mit Salz, Pfeffer und Paprikapulver würzen. 500 Milliliter Wasser angießen und den Zucker unterrühren. Bei mittlerer Hitze ca. 40 Minuten garen. Das Gemüse abkühlen lassen, auf einer Platte anrichten und kalt servieren. Dazu Brot reichen.

zeytinyağlı biberdolması

gefüllte paprikaschoten mit olivenöl

8-12 kleine türkische Paprikaschoten
4-5 Zwiebeln
3 Tomaten
200 g Reis
4 EL Olivenöl
1 EL Tomatenmark
50 g Pinienkerne
50 g Korinthen
Salz, frisch gemahlener Pfeffer
Paprikapulver
Zimt
Fondor
Piment

Von den Paprikaschoten einen Deckel abschneiden. Aus dem Inneren Samen und weiße Scheidewände entfernen. Die Zwiebeln schälen und fein hacken. Die Tomaten vom Stielansatz befreien und auf der Küchenreibe reiben oder im Mixer pürieren. Den Reis in ein Sieb geben, abspülen und abtropfen lassen.
3 Esslöffel Öl in einer Pfanne erhitzen, die Zwiebelwürfel darin andünsten. Tomaten, Tomatenmark, Pinienkerne, Korinthen und Reis zufügen und das Ganze dünsten, bis die Pinienkerne leicht Farbe genommen haben. 300 Milliliter Wasser angießen und garen, bis der Reis die Flüssigkeit aufgesogen hat. Den Pfanneninhalt abkühlen lassen, in eine Schüssel umfüllen und mit Salz, Pfeffer, Paprikapulver, Zimt, Fondor und Piment würzen.
Die vorbereiteten Paprikaschoten mit der Reismischung füllen und den passenden Deckel aufsetzen. Die Schoten nebeneinander in einen weiten Topf setzen. 500 Milliliter Wasser mit Salz und dem restlichen Olivenöl vermischen und um das Gemüse gießen. Bei geringer Hitze ca. 30 Minuten garen. Die gefüllten Paprika abkühlen lassen, auf einer Platte anrichten und kalt servieren. Dazu Brot reichen.

Bei dem türkischen Piment, auch Yenibahar oder Dolmagewürz genannt, handelt es sich nicht um Nelkenpfeffer, sondern um eine Gewürzmischung, die Sie in türkischen Lebensmittelgeschäften erhalten.

imam bayıldı

auberginengericht „der imam fiel in ohnmacht“

4-6 Auberginen
Salz
6-8 Zwiebeln
6-8 Knoblauchzehen
4 Tomaten
1/2 Bund Petersilie
300 ml Olivenöl
frisch gemahlener Pfeffer
Paprikapulver
8-12 Tomatenscheiben
4-6 Peperoni

Imam bayıldı ist in der Regel eine Vorspeise, wird im Sommer aber manchmal auch als Hauptgang und im Winter als Kaltgericht neben einer warmen Hauptspeise serviert.

Die Auberginen putzen und längs in Streifen schälen, so dass abwechselnd 1–2 Zentimeter Schale entfernt wird und ein ebenso breiter Streifen stehen bleibt. Die Früchte in Salzwasser legen. Zwiebeln schälen und in Ringe schneiden. Die Knoblauchzehen schälen und in feine Scheibchen schneiden. Die Tomaten mit kochendem Wasser überbrühen, häuten, vom Stielansatz befreien und fein hacken. Petersilie abbrausen, trockentupfen, die Blättchen abzupfen und fein hacken.
Den Backofen auf 175 °C vorheizen. Die Auberginen trockentupfen. Öl in einer hochwandigen Pfanne erhitzen, bis an einem hineingehaltenen Holzstäbchen Blasen aufsteigen. Die Auberginen darin braun braten. Herausnehmen und auf Küchenpapier entfetten. Dann die Auberginen in eine Auflaufform legen und der Länge nach aufschlitzen (nicht aushöhlen). Zwiebeln und Knoblauch im verbliebenen Öl glasig braten. Tomaten zufügen und mit Salz, Pfeffer und Paprikapulver würzen. Die Petersilie unterrühren. Die Mischung in die vorbereiteten Auberginen füllen. Mit je 2 Tomatenscheiben und 1 Peperoni belegen. Die Auberginen mit 300 Millilitern Wasser umgießen und im Ofen 15 Minuten garen. Herausnehmen und abkühlen lassen. Dazu Brot reichen.

Der Legende nach wurde dieses Gericht einst einem Imam vorgesetzt, und der Wohlgeschmack raubte ihm die Sinne…

mücver
gemüsepuffer

2 Zucchini
2 Kartoffeln
1/2 Bund Petersilie
1/2 Bund Dill
1/4 Bund Minze
100 g Mehl
2 Eier
Salz, frisch gemahlener Pfeffer
Fondor
Paprikapulver
Sonnenblumenöl
zum Frittieren

Für die Joghurtsauce
1–2 Knoblauchzehen schälen und zerdrücken, mit Joghurt verrühren und salzen.

Zucchini putzen und schälen, Kartoffeln schälen und waschen. Beides auf der Küchenreibe fein raspeln. Petersilie, Dill und Minze abbrausen, trockentupfen, die Blättchen bzw. Spitzen abzupfen und hacken. Gemüseraspel und Kräuter mit Mehl und Eiern in einer Schüssel verrühren, mit Salz, Pfeffer, Fondor und Paprikapulver würzen.
Das Öl in einer hochwandigen Pfanne erhitzen, bis an einem hineingehaltenen Holzstäbchen Blasen aufsteigen. Die Gemüsemasse esslöffelweise in das heiße Fett setzen, etwas flach drücken und portionsweise goldgelb frittieren. Mit dem Schaumlöffel herausheben und auf Küchenpapier abtropfen lassen. Dazu Joghurtsauce (siehe Tipp) servieren. Dieses Gericht kann kalt oder warm gereicht werden.

Zum Servieren auf einen Teller 2 Mücver legen, daneben 1 Esslöffel Joghurtsauce setzen und evtl. mit Petersilie und Tomatenscheiben garnieren.

etsiz köfte
vegetarische frikadellen

- 1 Aubergine
- 1 Zucchini
- 2 Kartoffeln
- 2 Zwiebeln
- 1/4 Bund Petersilie
- 1/4 Bund Dill
- 1/4 Bund Minze
- 2 Eier
- 100 g geriebener Käse (z.B. Gouda)
- Salz, frisch gemahlener Pfeffer
- Fondor
- Sieben-Gewürze-Mischung
- Kreuzkümmel
- Paprikapulver
- Oregano
- Mehl nach Bedarf
- Sonnenblumenöl zum Frittieren

Aubergine und Zucchini putzen. Kartoffeln schälen und waschen. Zwiebeln schälen. Das vorbereitete Gemüse auf der Küchenreibe in eine Schüssel raspeln. Die Kräuter abbrausen, trockentupfen, die Blättchen bzw. Spitzen von den Stielen zupfen und hacken. Zum Gemüse geben. Eier und Käse zufügen, mit Salz, Pfeffer, Fondor, Sieben-Gewürze-Mischung, Kreuzkümmel, Paprika und Oregano würzen. Alles vermischen, dabei so viel Mehl zufügen, dass eine formbare, geschmeidige Masse entsteht. Daraus mit angefeuchteten Händen nach Belieben runde oder ovale Frikadellen formen. Das Öl in einem Topf erhitzen, bis an einem hineingehaltenen Holzstäbchen Blasen aufsteigen. Die Frikadellen darin portionsweise von beiden Seiten goldbraun frittieren. Auf Küchenkrepp abtropfen lassen und kalt oder warm mit Joghurtsauce (siehe Tipp S. 64) servieren. Dazu Brot reichen.

Sieben-Gewürze-Mischung (Yeditürlü) bekommt man in vielen türkischen Lebensmittelgeschäften. Wenn nicht vorhanden, alternativ Köftegewürz verwenden.

hamurişleri ve pilav
teig- & reisgerichte

Die türkische Küche hat eine sehr reiche Auswahl an Teiggerichten, einige von ihnen stelle ich in diesem Kapitel exemplarisch vor. Manchmal gelten sie als Hauptgericht, werden aber in der Regel wie Gebäck zum Tee angeboten. Der Südosten und Osten der Türkei ist berühmt für die „Lahmacun“ – türkische Pizza. Die Bezeichnung ist aus dem Arabischen übernommen und bedeutet „Fleisch mit Brot“. Lahmacun wird mit Salat und Ayran serviert. In Zentralanatolien werden „Gözleme“ (Teigtaschen mit Spinat- oder Käsefüllung) auf heißen Blechen zubereitet. Die aus dem Balkan stammenden Türken wiederum sind bekannt für ihre „Börek“-Sorten. Die berühmten kleinen „Mantı“ (Maultaschen) stammen aus der Stadt Kayseri und sind asiatischen Ursprungs. „Çiğbörek“ (frittierte Teigtaschen) haben tatarische Wurzeln. „Börek“ (Teigtaschen mit diversen Füllungen) werden mit Salat und Ayran oder Tee serviert. Wenn man Gäste zum Tee eingeladen hat, dann reicht man auf einem Teller ein Stück des Teiggerichtes und eine Scheibe Kuchen.

Türkische Pilaws werden aus Reis (körnigem Langkornreis oder Basmati) oder Bulgur zubereitet und entweder zu Fleisch- und Fischgerichten gereicht oder innerhalb einer Mahlzeit als letzter Gang vor dem Dessert serviert. Außer zu Pilaw mit Fisch und Meeresfrüchten serviert man zu allen anderen Pilaws Ayran oder Kompott. Nur „Maklubi“ (Reistorte) wird auch als Hauptgericht gegessen.

Spinatschnecke,
Rezept S. 74

lahmacun
türkische pizza

Für den Teig:
1 kg Mehl
1 Päckchen Trockenhefe
1/2 TL Zucker
Salz

Für den Belag:
3 große Zwiebeln
4 Knoblauchzehen
2 Peperoni
1/2 Bund Petersilie
1 Dose geschälte Tomaten (à 800 g)
1 EL Paprika- oder Tomatenmark
500 g Hackfleisch von Lamm oder Rind
1/2 l Sonnenblumenöl
Salz, frisch gemahlener Pfeffer
Paprikapulver
Sieben-Gewürze-Mischung
Kreuzkümmel

Außerdem:
Mehl zum Bearbeiten
Fett für das Blech
Zitronenscheiben und gehackte Petersilie zum Garnieren

Für den Teig das Mehl in eine Schüssel sieben, Hefe, Zucker und Salz zugeben. So viel Wasser zufügen, dass ein geschmeidiger Teig entsteht (400–600 Milliliter). Je länger der Teig geknetet wird, desto besser. Er soll eine seidig glänzende Oberfläche haben. Den Teig abgedeckt an einem warmen Ort 30 Minuten gehen lassen.
Inzwischen für den Belag Zwiebeln und Knoblauch schälen und sehr fein hacken. Peperoni vom Stielansatz befreien; Petersilie waschen, trockentupfen, die Blättchen abzupfen und beides ebenfalls fein hacken. Die Tomaten samt Saft mit Paprika- oder Tomatenmark im Mixer pürieren. Mit Zwiebeln, Knoblauch, Peperoni, Petersilie, Hackfleisch und Öl vermischen und mit Salz, Pfeffer, Paprika, Sieben-Gewürze-Mischung und Kreuzkümmel würzen.
Den Backofen auf 230 °C vorheizen. Vom Teig etwa eigroße Bällchen abnehmen, auf bemehlter Fläche ca. 3 Millimeter dick zu Kreisen von etwa 18 Zentimetern Durchmesser ausrollen und auf ein gefettetes Backblech legen (es passen 4 Lahmacun auf ein Blech). Etwas von der Füllung mit der Hand darauf verstreichen, ohne einen Rand zu lassen. Im Ofen ca. 5 Minuten backen. So weiter verfahren, bis Teig und Füllung aufgebraucht sind. Die Lahmacun mit Zitronenscheiben und Petersilie garnieren und warm servieren.

Ergibt ca. 30 Stück für 6 Personen als Hauptgang. Für weniger Personen oder als Zwischengericht die Mengen entsprechend reduzieren.

pide
türkische pizza in bötchenform

Für den Teig:
1 kg Mehl
1 Päckchen Trockenhefe
1 EL Olivenöl
1/2 TL Zucker
Salz
2 EL Joghurt
400-600 ml lauwarmes Wasser

Für den Belag:
3 große Zwiebeln
2 Peperoni
1/2 Bund Petersilie
2 große Tomaten
500 g Hackfleisch von Lamm oder Rind
Salz, frisch gemahlener Pfeffer
Paprikapulver

Außerdem:
Mehl zum Bearbeiten
Fett für das Blech
1 Ei
1 EL Joghurt

Ergibt ca. 25 Stück für 6 Personen als Hauptgang. Für weniger Personen oder als Zwischengericht die Mengen entsprechend reduzieren.

Für den Teig das Mehl in eine Schüssel sieben und mit Hefe, Öl, Zucker, Salz, Joghurt und lauwarmem Wasser zu einem geschmeidigen, glatten Teig verkneten. Mit einem feuchten Tuch abdecken und an einem warmen Ort 1–2 Stunden gehen lassen. Inzwischen für den Belag die Zwiebeln schälen und fein hacken. Peperoni vom Stielansatz befreien und sehr fein würfeln. Petersilie waschen, trockentupfen, die Blättchen von den Stielen zupfen und fein hacken. Die Tomaten überbrühen, häuten und fein würfeln, dabei den Stielansatz entfernen. Zwiebeln, Peperoni, Petersilie und Tomaten in einer Schüssel mit dem Hackfleisch vermischen und mit Salz, Pfeffer und Paprikapulver würzen. Den Backofen auf 175 °C vorheizen. Den Hefeteig in ca. 25 Portionen teilen, diese zu Kugeln formen. Jede Kugel auf bemehlter Fläche rund und ca. 3 Millimeter dick ausrollen. Immer 4 Teigplatten zusammen auf ein gefettetes Backblech legen, etwas von dem Belag in der Mitte verteilen. Den seitlichen Rand darüber etwa 2 Zentimeter breit einschlagen und an den schmalen Enden zu Spitzen zusammendrücken, so dass die Form eines Bötchens entsteht. Die geformte Pide sollte eine Größe von 10 x 15 Zentimetern haben. Das Ei mit dem Joghurt verquirlen und die Ränder damit bestreichen. Die Piden im Ofen ca. 20 Minuten backen. Mit dem restlichen Teig und der übrigen Füllung ebenso verfahren. Die Piden kalt oder warm mit Ayran und Salat servieren.

Hier noch zwei Beispiele für andere Beläge: 250 Gramm zerbröselten Schafskäse, 1/4 Bund fein gehackte Petersilie und 1 Ei miteinander zu einer Paste verrühren. Evtl. noch blanchierten Blattspinat zufügen.
Oder 200 Gramm fein gewürfeltes Rinderfilet mit je 2 fein gehackten Zwiebeln, Peperoni und Tomaten in etwas Öl andünsten, salzen und pfeffern. Abgekühlt auf den Pide verteilen und mit 200 Gramm geriebenem Käse bestreuen.

çiğbörek
teigtaschen mit hackfleischfüllung

Für den Teig:
1 kg Mehl
1 Päckchen Backpulver
1/4 Päckchen Trockenhefe
1 Prise Salz
1/2 TL Zucker
1 EL Sonnenblumenöl
ca. 400 ml warme Milch

Für die Füllung:
3–4 große Zwiebeln
300 g Hackfleisch von
Lamm oder Rind
Salz, frisch gemahlener Pfeffer

Außerdem:
Mehl zum Bearbeiten
Sonnenblumenöl zum Frittieren

Für den Teig das Mehl in eine Schüssel sieben. Mit Backpulver, Hefe, Salz, Zucker, Öl und Milch zu einem mittelweichen, geschmeidigen Teig verkneten. Die Schüssel mit einem feuchten Tuch abdecken und den Teig an einem warmen Ort 30 Minuten gehen lassen.
Inzwischen für den Belag die Zwiebeln schälen und fein hacken. Mit Hackfleisch, Salz und Pfeffer in eine Schüssel geben. 300 Milliliter Wasser zufügen und alles vermischen. Von dem Hefeteig eigroße Bällchen abteilen und auf bemehlter Fläche zu ca. 3 Millimeter dicken Kreisen von ca. 18 Zentimetern Durchmesser ausrollen. Auf eine Hälfte des Kreises etwas von der Füllung setzen (dabei den Rand frei lassen), die andere Hälfte darüber klappen und andrücken. Mit Hilfe der Kante eines Untertellers, der über den Rand gerollt wird, diesen begradigen und zusammendrücken. So weiter verfahren, bis Teig und Füllung verbraucht sind.
Das Sonnenblumenöl in einem großen Topf erhitzen, bis an einem hineingehaltenen Holzstäbchen Blasen aufsteigen. Die Teigtaschen darin portionsweise goldbraun frittieren. Herausheben, auf Küchenpapier abtropfen lassen und auf einer Platte anrichten. Kalt oder warm servieren.

Ergibt ca. 30 Stück für 6 Personen als Hauptgang. Für weniger Personen oder als Zwischengericht die Mengen entsprechend reduzieren.

manti
türkische maultaschen

Für den Teig:
500 g Mehl
1 Ei
1 Prise Salz
ca. 200 ml lauwarmes Wasser

Für die Füllung:
4 große Zwiebeln
300 g Hackfleisch von Lamm oder Rind
Salz, frisch gemahlener Pfeffer

Für die Sauce:
3-4 Knoblauchzehen
500 g Joghurt
1 EL Butter oder Margarine
Paprikapulver

Außerdem:
Mehl zum Bearbeiten
Salz

Für den Teig das Mehl in eine Schüssel sieben. Ei und Salz zufügen und mit dem lauwarmen Wasser zu einem geschmeidigen Teig verkneten. Die Schüssel mit einem feuchten Tuch abdecken und den Teig 20 Minuten ruhen lassen.

Inzwischen für die Füllung die Zwiebeln schälen und fein hacken. In einer Schüssel mit dem Hackfleisch, 300 Millilitern Wasser, Salz und Pfeffer verkneten. Den Teig vierteln. Jedes Viertel zu einer Kugel formen und auf bemehlter Arbeitsfläche ca. 3 Millimeter dick ausrollen. Die Teigplatte in Quadrate von 5–6 Zentimetern Kantenlänge schneiden. Auf jedes Quadrat 1 Teelöffel von der Hackfleischfüllung setzen. Entweder zu einem Dreieck zusammenklappen oder alle 4 Ecken hochnehmen und zu einem Beutel zusammenfassen. Die Ränder gut zusammendrücken. So weiter verfahren, bis Teig und Füllung verbraucht sind. In einem großen Topf Salzwasser zum Kochen bringen. Die Maultaschen darin garen, bis sie an die Oberfläche steigen (maximal 5 Minuten). Herausheben, abtropfen lassen und auf einer Platte anrichten. Für die Sauce den Knoblauch schälen, durch die Presse drücken, mit dem Joghurt vermengen und die Joghurtsauce über die Maultaschen verteilen. Butter oder Margarine in einer Pfanne zerlassen, das Paprikapulver einrühren. Die Paprikabutter ebenfalls über die Maultaschen träufeln und servieren.

poaça
kleine gefüllte teigtaschen

Für den Teig:
500 g Mehl
300 ml Sonnenblumenöl
1/2 TL Trockenhefe
1 Päckchen Backpulver
1/2 TL Zucker
1 Prise Salz
200 g Joghurt

Für eine Käsefüllung:
200 g Schafskäse
1 Ei
1/4 Bund Dill
1/4 Bund Petersilie

Für eine Hackfleischfüllung:
2 große Zwiebeln
2 EL Olivenöl
250 g Hackfleisch vom Rind
Salz, frisch gemahlener Pfeffer

Außerdem:
Mehl zum Bearbeiten
1 Ei
Fett für das Blech

Für den Teig das Mehl in eine Schüssel sieben. Mit Öl, Hefe, Backpulver, Zucker, Salz und Joghurt zu einem glatten, geschmeidigen Teig verkneten. Mit einem feuchten Tuch abgedeckt an einem warmen Ort 30 Minuten gehen lassen.
Für eine Käsefüllung den Schafskäse zerdrücken und mit dem Ei verrühren. Die Kräuter abbrausen, trockentupfen, die Spitzen bzw. Blättchen abzupfen, hacken und unter den Käse rühren.
Für eine Hackfleischfüllung die Zwiebeln schälen und fein hacken. Öl in einer Pfanne erhitzen, die Zwiebeln darin anschwitzen. Das Hackfleisch zufügen und scharf anbraten. Mit Salz und Pfeffer würzen und abkühlen lassen.
Den Backofen auf 175 °C vorheizen. Vom Hefeteig eigroße Portionen abnehmen, zu Bällchen formen und auf bemehlter Fläche rund und ca. 3 Millimeter dick ausrollen. Etwas Füllung in die Mitte setzen und den Teig zu Halbkreisen zusammenklappen. Die Ränder fest andrücken und die Teigtaschen mit verquirltem Ei bestreichen. So weiter verfahren, bis Teig und Füllung verbraucht sind. Die Taschen auf ein gefettetes Backblech setzen und 30–45 Minuten im Ofen backen, bis sie goldbraun sind.

Die Füllungen reichen jeweils für die gesamte Menge Teig. Möchten Sie Ihre Teigtaschen mit beiden Füllungen zubereiten, halbieren Sie die Mengen.

gözleme
teigtaschen, auf heißem blech gegart

Für den Teig:
500 g Mehl
1 Päckchen Trockenhefe
Salz
200–300 ml lauwarmes Wasser

Für eine Käsefüllung:
200 g Schafskäse
1 Ei
1/4 Bund Dill
1/4 Bund Petersilie

Für eine Hackfleischfüllung:
2 große Zwiebeln
2 EL Olivenöl
250 g Hackfleisch vom Rind
Salz, frisch gemahlener Pfeffer

Für eine Spinatfüllung:
600 g Blattspinat
2–3 Zwiebeln
3 EL Öl
Salz, frisch gemahlener Pfeffer
Paprikapulver

Außerdem:
Mehl zum Bearbeiten
Fett zum Braten

Für den Teig das Mehl in eine Schüssel sieben. Hefe und Salz zugeben und mit dem lauwarmen Wasser zu einem weichen, geschmeidigen Teig kneten. Die Schüssel mit einem feuchten Tuch abdecken und den Teig an einem warmen Ort 30 Minuten gehen lassen.

Für eine Käsefüllung den Schafskäse zerdrücken und mit dem Ei verrühren. Die Kräuter abbrausen, trockentupfen, die Spitzen bzw. Blättchen abzupfen und hacken, unter den Käse rühren.

Für eine Hackfleischfüllung die Zwiebeln schälen und fein hacken. Öl in einer Pfanne erhitzen, die Zwiebeln darin anschwitzen. Das Hackfleisch zufügen und scharf anbraten. Mit Salz und Pfeffer würzen und abkühlen lassen.

Für eine Spinatfüllung den Spinat gründlich waschen, abtropfen lassen und putzen. Die Zwiebeln schälen und fein hacken. Öl in einer Pfanne erhitzen, die Zwiebeln darin anschwitzen. Spinat hinzufügen, mit Salz, Pfeffer und Paprikapulver würzen und zusammenfallen lassen. Herausnehmen und abkühlen lassen.

Den Teig zu tennisballgroßen Bällchen formen, diese auf bemehlter Fläche rund und 3 Millimeter dick ausrollen. In die Mitte etwas Füllung setzen, den Teig wie eine Tasche zusammenklappen und die Ränder andrücken. So weiter verfahren, bis Teig und Füllung verbraucht sind. Eine breite Pfanne (oder eine elektrische Pfanne, siehe S. 33) mit etwas Fett einstreichen und erhitzen. Die Teigtaschen hineinlegen und die Pfanne rütteln bzw. die Taschen hin und her bewegen, bis die Unterseite braun ist und Blasen wirft. Die Oberseite mit Fett bestreichen, wenden und auf der anderen Seite garen. Warm servieren.

Die Füllungen reichen jeweils für die gesamte Menge Teig. Möchten Sie Ihre Teigtaschen mit verschiedenen Füllungen zubereiten, reduzieren Sie die Mengen entsprechend.

ispanaklı börek
spinatschnecke

Für den Teig:
500 g Mehl
1/4 Päckchen Trockenhefe
1 Prise Salz
ca. 200 ml lauwarmes Wasser

Für die Füllung:
1 kg frischer Blattspinat
3 Zwiebeln
2 EL Olivenöl
Salz, frisch gemahlener Pfeffer

Außerdem:
Mehl zum Bearbeiten
Olivenöl zum Bestreichen
Fett für das Blech
1 Ei
1 EL Joghurt

Für den Teig das Mehl in eine Schüssel sieben und mit Hefe, Salz und lauwarmem Wasser zu einem glatten, geschmeidigen Teig verkneten. Die Schüssel mit einem feuchten Tuch abdecken und den Teig an einem warmen Ort 30 Minuten gehen lassen. Inzwischen für die Füllung den Spinat gründlich waschen, abtropfen lassen und putzen. Die Zwiebeln schälen und fein hacken. Öl in einem großen Topf erhitzen, die Zwiebeln darin andünsten. Den Spinat zufügen und mitdünsten, bis er zusammenfällt. Mit Salz und Pfeffer würzen, abkühlen lassen.
Den Backofen auf 175 °C vorheizen. Den Teig in 6–8 Portionen teilen und zu Kugeln formen. Jede Kugel auf bemehlter Fläche hauchdünn ausrollen. Die Oberfläche mit Öl bestreichen, einen Teil der Spinatfüllung gleichmäßig darauf verteilen. Dann die Teigplatte von einer Seite her aufrollen. Mit der Rolle, dem äußeren Rand eines gefetteten Backblechs folgend, den Beginn einer Schnecke legen. Mit dem restlichen Teig ebenso verfahren, bis Teig und Füllung aufgebraucht sind. Mit jeder Teigrolle die Spirale mit enger werdenden Rundungen nach innen weiter fortsetzen, bis das Blech ganz bedeckt ist. Das Ei mit 1 Esslöffel Öl und Joghurt verquirlen, die Schnecke damit bestreichen. Im Ofen auf der mittleren Schiene ca. 40–50 Minuten backen. Die fertige Spinatschnecke in Quadrate oder Rechtecke schneiden und kalt oder warm servieren.

baharatlı bulgur pilavı
pilaw mit gewürzen

300 g Bulgur (grobe oder mittlere Körnung)
1 große Zwiebel
50 g getrocknete Tomaten
1 EL Butter oder Margarine
2 Stück Würfelzucker
Salz, frisch gemahlener Pfeffer
1/2 TL Zimt
1 TL Piment
600 ml Rinderbrühe

Den Bulgur in ein Sieb geben, von Verunreinigungen wie Steinchen befreien, abspülen und abtropfen lassen. Die Zwiebel schälen und grob hacken. Die getrockneten Tomaten in Streifen schneiden.
Butter oder Margarine in einem Topf zerlassen, Zwiebel und Tomaten darin andünsten. Bulgur und Zucker zufügen und mit Salz, Pfeffer, Zimt und Piment würzen. Die Brühe angießen und 20–30 Minuten garen, bis die Flüssigkeit aufgesogen ist. 5 Minuten im geschlossenen Topf ruhen lassen. Den Bulgur als Zwischengericht servieren.

sebzeli bulgur pilavı
bauernpilaw

300 g Bulgur (grobe oder mittlere Körnung)
1 große Zwiebel
1 Paprikaschote
1 große Tomate
2 EL Butter oder Margarine
1 EL Paprika- oder Tomatenmark
Salz, frisch gemahlener Pfeffer
Paprikapulver
Oregano
getrocknete Minze
600 ml heiße Brühe oder heißes Wasser

Den Bulgur in ein Sieb geben, von Verunreinigungen wie Steinchen befreien, abspülen und abtropfen lassen. Die Zwiebel schälen und fein hacken. Die Paprikaschote halbieren, von Stielansatz, Samen und Scheidewänden befreien und fein würfeln. Tomate überbrühen, häuten und ebenfalls würfeln, dabei den Stielansatz entfernen.
Butter oder Margarine in einem Topf zerlassen, Zwiebel und Paprika darin andünsten. Tomate und Paprika- oder Tomatenmark zufügen, mit Salz, Pfeffer, Paprikapulver, Oregano und Minze würzen. Den abgetropften Bulgur zufügen, die Brühe angießen und 20–30 Minuten bei geringer Hitze garen, bis die Flüssigkeit aufgesogen ist. 5 Minuten im geschlossenen Topf ruhen lassen.

Der Bulgur kann als Hauptgericht oder, bei einem Menü, als letzter Gang vor dem Dessert gereicht werden.

nohutlu pilav
reistorte mit Kichererbsen

1 Tasse getrocknete Kichererbsen (ca. 100 g)
500 g Reis
1 Hähnchenkeule
Salz
Fondor
frisch gemahlener Pfeffer
2 EL Butter oder Margarine
50 g Pinienkerne
50 g Kürbiskerne
50 g Pistazien
50 g geschälte Mandeln

Die Reistorte kann als Hauptgericht oder als letzter Gang vor dem Dessert gereicht werden.

Die Kichererbsen über Nacht in reichlich Wasser einweichen. Am nächsten Tag den Reis für 2 Stunden in einer Schüssel mit heißem Wasser stehen lassen. Die Kichererbsen im Einweichwasser 1 Stunde kochen, abgießen und abtropfen lassen. Die Hähnchenkeule abspülen und in 1 Liter Salzwasser in 30 Minuten gar kochen. Herausnehmen, abkühlen lassen, das Fleisch ablösen und klein zupfen. Die Brühe beiseite stellen. In einen weiten, flachen Topf erst das Hähnchenfleisch, darüber die Kichererbsen und schließlich den Reis schichten. Die Hähnchenbrühe angießen, mit Fondor und Pfeffer würzen und bei geringer Hitze ca. 20 Minuten garen, bis die Flüssigkeit aufgesogen ist. 5 Minuten im geschlossenen Topf ruhen lassen. Den Topfinhalt wie einen Kuchen auf eine Servierplatte stürzen. Butter oder Margarine in einer Pfanne zerlassen, Pinien- und Kürbiskerne, Pistazien und Mandeln darin goldbraun rösten und über die Reistorte streuen.

maklubi
reistorte mit fleisch und auberginen

300 g Reis
2 Auberginen
Sonnenblumenöl zum Frittieren
200 g Rinderfilet
Salz
1/2 l heiße Brühe oder heißes Wasser
1 EL Butter oder Margarine
50 g Pinienkerne
50 g Kürbiskerne
50 g Pistazien
50 g geschälte Mandeln
frisch gemahlener Pfeffer
Fondor

Die Reistorte kann als Hauptgericht oder als letzter Gang vor dem Dessert gereicht werden.

Den Reis 2 Stunden in heißem Wasser einweichen lassen. Die Auberginen putzen und längs in Streifen schälen, so dass abwechselnd 1–2 Zentimeter Schale entfernt wird und ein ebenso breiter Streifen stehen bleibt. Dann längs in mindestens 4 Scheiben schneiden. Das Sonnenblumenöl in einem Topf erhitzen, bis an einem hineingehaltenen Holzstäbchen Blasen aufsteigen. Die Auberginenscheiben darin frittieren, auf Küchenpapier abtropfen lassen. Das Rinderfilet in kleine Würfel schneiden und in Salzwasser ca. 8–10 Minuten garen, herausheben und abtropfen lassen. Den Reis in ein Sieb schütten, abspülen und abtropfen lassen.
In einen weiten, flachen Topf zuerst das Fleisch geben. Darauf lamellenartig die Auberginenscheiben schichten, darüber den Reis einfüllen. Brühe oder Wasser angießen und das Gericht ca. 20 Minuten bei geringer Hitze garen, bis die Flüssigkeit aufgesogen ist. 5 Minuten im geschlossenen Topf ruhen lassen. Den Topfinhalt wie einen Kuchen auf eine Servierplatte stürzen.
Butter oder Margarine in einer Pfanne erhitzen, Pinien- und Kürbiskerne, Pistazien und Mandeln darin goldbraun rösten. Mit Salz, Pfeffer und Fondor würzen. Die gerösteten Kerne über die Reistorte streuen und servieren.

tavuklu bulgur pilavı
hähnchenpilaw

300 g Bulgur (grobe oder mittlere Körnung)
1/2 Grillhähnchen
1 EL Butter oder Margarine
Salz, frisch gemahlener Pfeffer
Fondor
Paprikapulver
600 ml Hühnerbrühe

Den Bulgur in ein Sieb geben, von Verunreinigungen wie Steinchen befreien, abspülen und abtropfen lassen. Das gegrillte Hähnchenfleisch häuten, von den Knochen lösen und in mundgerechte Stücke schneiden. Butter oder Margarine in einem Topf zerlassen, das Fleisch darin anbraten und mit Salz, Pfeffer, Fondor und Paprika würzen. Den Bulgur zufügen, die Brühe angießen und bei geringer Hitze 20 30 Minuten garen, bis die Flüssigkeit aufgesogen ist. 5 Minuten im geschlossenen Topf ruhen lassen. Dann den Bulgur auf einer Platte anrichten und warm als Hauptgang oder Zwischengericht servieren.

deniz ürünlü pilav
meeresfrüchte-pilaw

300 g Reis
2 EL Korinthen
1 EL Butter oder Margarine
50 g Pinienkerne
250 g TK-Meeresfrüchte-Mix
2 Stück Würfelzucker
Salz, frisch gemahlener Pfeffer
Fondor
1/2 l warmes Wasser

Den Reis und die Korinthen getrennt für 2 Stunden in heißem Wasser einweichen lassen. Butter oder Margarine in einem Topf zerlassen und die Pinienkerne darin anrösten, bis sie leicht Farbe genommen haben. Die Meeresfrüchte (unaufgetaut) und den Würfelzucker zufügen und ca. 5 Minuten braten. Reis und Korinthen in ein Sieb schütten, abspülen und abtropfen lassen. Beides zu den Meeresfrüchten in den Topf geben und mit Salz, Pfeffer und Fondor würzen. Das warme Wasser zugießen und bei kleiner Flamme ca. 20 Minuten garen, bis die Flüssigkeit aufgesogen ist. 5 Minuten im geschlossenen Topf ruhen lassen, dann den Pilaw auf einer Platte anrichten und als Hauptgang oder Zwischengericht servieren.

hamsili pilav
reistorte mit frischen sardellen

300 g Reis
50 g Korinthen
500 g frische Sardellen
(ersatzweise Sprotten oder
kleine Sardinen)
Salz
2 EL Butter oder Margarine
50 g Gerstenkornnudeln (siehe S. 10)
50 g Pinienkerne
frisch gemahlener Pfeffer
Fondor
Piment
Zimt
ca. 1 l warmes Wasser
Butter für die Form
1 EL Olivenöl

Den Reis und die Korinthen getrennt voneinander 2 Stunden in heißem Wasser einweichen lassen. Danach abspülen und abtropfen lassen.
Von den Fischen den Kopf abtrennen. Am Bauch aufschneiden und ausnehmen. Entlang der Mittelgräte die beiden Filets ablösen. Die Fischfilets abspülen, trockentupfen und mit Salz einreiben. Kühl stellen.
Butter oder Margarine in einem Topf zerlassen, Nudeln und Pinienkerne darin anrösten, bis sie leicht Farbe genommen haben. Den Reis und die Korinthen zufügen, mit Salz, Pfeffer, Fondor, Piment und Zimt würzen. Das warme Wasser angießen und bei geringer Hitze 20–30 Minuten garen, bis die Flüssigkeit aufgesogen ist. Danach 5 Minuten im geschlossenen Topf ruhen lassen.
Den Backofen auf 175 °C vorheizen. Eine runde Auflaufform buttern, mit der Hälfte der Fischfilets auslegen. Den Reis darüber verteilen und mit den verbliebenen Filets abdecken. Mit Olivenöl beträufeln, mit Alufolie abdecken und im Ofen auf der mittleren Schiene 20–30 Minuten backen. Vor dem Servieren die Folie abnehmen und 5 Minuten ruhen lassen. Den Pilaw auf eine Platte stürzen und warm als Hauptgang oder Zwischengericht servieren.

süßspeisen
tatlilar

Die Türken essen gerne Süßspeisen. Insbesondere wenn religiöse Feste wie das Ende der Fastenzeit oder das Opferfest anstehen, wird den Gästen sofort nach der Begrüßung, zusammen mit einem kalten Getränk wie Wasser oder Saft, eine Süßspeise serviert.
Im Südosten der Türkei, in Antakya, ist „Künefe" sehr berühmt, eine Süßspeise aus Fadennudeln und Käse mit Sirup. Auch in Adana werden Süßspeisen bevorzugt, die mit Sirup hergestellt werden. Gazi-Antep im Süden ist die Stadt der „Baklava"-Sorten. Diyarbakır, ebenfalls im Osten, ist für die Süßspeise aus „Kadayıf" (speziellen Fadennudeln) berühmt. Grundsätzlich kann man sagen, dort wo es sehr heiß ist und scharf gegessen wird, liebt man es sehr süß und mit Sirup. Im Westen hingegen sind mit Milch zubereitete Desserts sehr populär.
In Anatolien bietet man in traditionellen Familien sofort eine Süßspeise an, wenn ein Paar sich verlobt hat. Das bedeutet, die Verhandlungen sind abgeschlossen, die Verlobung wird bekannt gegeben, und nun kann die Sache – mit einer Süßspeise – besiegelt werden.

Süßspeise aus Fadennudeln,
Rezept S. 84

lokum
türkischer honig

Ein türkisches Sprichwort sagt: „Tatlı yiyelim, tatlı konusalım.“ – Lasst uns süß essen und süß unterhalten. Das heißt: Lasst uns in Frieden miteinander auskommen. In diesem Sinne wird zu verschiedenen Anlässen, aber insbesondere, wenn Gäste kommen, als Erstes türkischer Honig angeboten. Lokum wird aus Zucker, Stärke, Pistazien oder Mandeln hergestellt. Er ist sehr süß! Man erhält ihn in türkischen Lebensmittelläden.

baklava
nuss-blätterteig mit sirup

Baklava ist eine berühmte Spezialität aus Antep, die sich in der gesamten Türkei verbreitet hat und so zu „der“ nationalen Süßspeise geworden ist. Baklava wird aus hauchdünnen Blätterteigschichten hergestellt, mit einer Schicht aus fein gehackten Pistazien oder Walnusskernen in der Mitte und mit sehr süßem Sirup getränkt. Traditionell bietet man diese Süßspeise an religiösen Feiertagen an. Man erhält sie fertig zubereitet in türkischen Lebensmittelläden.

sütlaç
milchreis

250 g Rundkornreis
1 l Milch
250 g Zucker
1 Päckchen Vanillezucker
Prise Salz
Zimt zum Bestäuben

Den Reis in ein Sieb geben, gründlich waschen und abtropfen lassen. In einem Topf mit Wasser knapp bedecken und ca. 10 Minuten bei geringer Hitze garen, bis das Wasser fast aufgesogen ist. Milch, Zucker, Vanillezucker und Salz zufügen und bei geringer Hitze unter ständigem Rühren maximal 20 Minuten weitergaren, bis der Reis gar ist. Den Milchreis in Portionsschälchen füllen und abkühlen lassen. Vor dem Servieren mit Zimt bestäuben.

güllaç
milchspeise mit blätterteig

1,5 l Milch
250 g Zucker
1 Päckchen Vanillezucker
1 Paket Güllaç
grob gehackte Walnusskerne
gemahlene Pistazienkerne, Zimt oder Granatapfelkerne zum Garnieren

Die Milch mit Zucker und Vanillezucker unter Rühren aufkochen und abkühlen lassen. Die Güllaçblätter einzeln in die lauwarme Milch tauchen und in einer passenden flachen Schale übereinander schichten. Wenn die Hälfte der Blätter verbraucht ist, die oberste Schicht mit Walnüssen bestreuen. Mit den verbliebenen Teigblättern abdecken, die restliche Milch darüber gießen. Den Güllaç abdecken und 20–30 Minuten einweichen lassen. Vor dem Servieren in kleine Quadrate schneiden, mit gemahlenen Pistazien, Zimt oder Granatapfelkernen garnieren und servieren.

Güllaç sind dünne getrocknete Teigplatten aus Stärkemehl. Es gibt sie in Packungen zu 10 Blättern im türkischen Lebensmittelladen zu kaufen.

tavukgöğsü
pudding mit hähnchenbrust

1 Hähnchenbrustfilet
1 Tasse Reismehl (ca. 50 g)
1 Tasse Speisestärke (ca. 50 g)
1 l Milch
ca. 400 g Zucker
1 Päckchen Vanillezucker
1 Prise Salz
Zimt zum Bestäuben

In der Türkei macht man sich einen Spaß daraus, Ausländer raten zu lassen, woraus dieser berühmte Pudding besteht. Der Geschmack ist köstlich und erinnert in keiner Weise an Huhn. Probieren Sie ihn!

Das Hähnchenbrustfilet abspülen und in einem Topf mit Wasser ca. 30 Minuten kochen, bis es gar ist. Das Fleisch herausnehmen, etwas abkühlen lassen und fein zerpflücken. In ein Sieb geben und gründlich abspülen. Die Fleischfasern in einer Schüssel mit Wasser bedecken und 1–2 Stunden darin stehen lassen. Zwischendurch immer wieder abspülen und das Wasser wechseln. Inzwischen Reismehl und Speisestärke getrennt voneinander mit etwas Milch anrühren. Die restliche Milch mit Zucker, Vanillezucker und Salz zum Kochen bringen. Das angerührte Reismehl und die Speisestärke unterrühren. Bei geringer Hitze dicklich einkochen lassen, dann das Hähnchenfleisch zufügen und unter ständigem Rühren noch 10 Minuten weitergaren. Den Pudding in eine große, ovale Schale füllen, abkühlen lassen und vor dem Servieren mit Zimt bestäuben.

kadayıf
süßspeise aus fadennudeln

700 g Zucker
Saft von 1 Zitrone
500 g Kadayıf (spezielle türkische Fadennudeln)
250 g weiche Butter oder Margarine
250 g grob gemahlene Walnusskerne

Kadayıf sind speziell für dieses Gericht durch ein kompliziertes Verfahren hergestellte, sehr dünne, lange Nudeln, die man vakuumverpackt in türkischen Lebensmittelläden erhält.

1 Liter Wasser mit dem Zucker aufkochen, bis dieser sich aufgelöst hat, und dicklich einkochen lassen. Den Zitronensaft zufügen und ca. 5 Minuten sprudelnd weiterkochen. Den Sirup auf Zimmertemperatur abkühlen lassen.
Den Backofen auf 200 °C vorheizen. Die Fadennudeln mit Butter oder Margarine zerreiben, dabei die einzelnen Fäden voneinander lösen, bis sie locker auseinander fallen. Die Hälfte der Nudeln locker in einer gefetteten Auflaufform verteilen, darüber die Walnüsse streuen. Mit der anderen Hälfte Nudeln abdecken. Im Ofen auf der mittleren Schiene ca. 30–40 Minuten goldgelb überbacken. Die Form herausnehmen und 10 Minuten ruhen lassen, dann den Sirup über die Süßspeise gießen und diese in kleine Quadrate schneiden. Kalt servieren.

irmik helvası
grießspeise

800 g Zucker
Saft von 1 Zitrone
500 g Butter oder Margarine
100 g Pinienkerne
1 kg Weizengrieß

1 Liter Wasser mit dem Zucker aufkochen, bis dieser sich aufgelöst hat, und dicklich einkochen lassen. Zitronensaft zufügen und sprudelnd 5 Minuten weiterkochen lassen. Den Sirup beiseite stellen und abkühlen lassen. Von der Butter oder Margarine 1 Esslöffel abnehmen, in einer kleinen Pfanne zerlassen und die Pinienkerne darin rösten. Herausnehmen und abkühlen lassen. Das restliche Fett in einem Topf schmelzen, den Grieß hineingeben und unter ständigem Rühren hellbraun werden lassen. Die Pinienkerne zugeben. Immer wieder etwas Sirup angießen und sofort danach den Deckel auflegen. Vorsicht: Dabei spritzt die heiße Masse hoch auf! Wenn der Sirup verbraucht ist, die Grießspeise vom Herd nehmen und 20 Minuten ruhen lassen. In Portionsschälchen füllen und am besten noch warm servieren.

zerde
süßer reis mit safran

125 g Rundkornreis
500 g Zucker
1 EL Safran
2 EL heißes Wasser
1 EL Speisestärke
Pinienkerne, Korinthen und gehackte Haselnusskerne zum Bestreuen
Zimt zum Bestäuben

Den Reis in ein Sieb geben, gründlich waschen und abtropfen lassen. Mit 1,5 Litern Wasser und dem Zucker in einem Topf zum Kochen bringen und bei geringer Hitze 30 Minuten garen. Den Safran im heißen Wasser auflösen und zum Reis geben. Die Speisestärke mit 1 Esslöffel kaltem Wasser anrühren und ebenfalls unterrühren. Den Reis weitere 30 Minuten garen. Danach in Portionsschälchen füllen und abkühlen lassen. Vor dem Servieren mit Pinienkernen, Korinthen und Nüssen bestreuen und mit Zimt bestäuben.

aşure
süßspeise zum opferfest

200 g Aşurelik Buğday
(Gerste oder Weizen, geschrotet)
100 g weiße Bohnen (getrocknet)
100 g Kichererbsen (getrocknet)
8–10 getrocknete Aprikosen
4–6 getrocknete Feigen
100 g Rosinen
100 g Korinthen
500–1000 g Zucker
1 Prise Salz
100 g Pinienkerne
200 g Walnusskerne
Grantapfelkerne von 1 Granatapfel
1 Zimtstange
6–7 ganze Nelken
grob gehackte Mandeln,
Wal- und/oder Haselnusskerne
zum Garnieren
Zimt zum Bestäuben

Am Vortag Gersten- oder Weizenschrot, die weißen Bohnen und die Kichererbsen getrennt voneinander in Wasser einweichen und über Nacht stehen lassen.
Am nächsten Tag Aprikosen und Feigen klein schneiden. Rosinen und Korinthen in warmem Wasser einweichen. Den Getreideschrot in einem großen Topf mit reichlich Wasser 50–60 Minuten garen. Ebenso Bohnen und Kichererbsen in getrennten Töpfen in ca. 60 Minuten weich kochen. Bohnen und Kichererbsen abgießen und zum Getreideschrot in den großen Topf geben. Alles unter Rühren aufkochen. Nacheinander Zucker, Salz, Aprikosen, Feigen, die abgetropften Rosinen und Korinthen, Pinienkerne, Walnüsse, Granatapfelkerne, Zimtstange und Nelken zufügen. Unter ständigem Rühren bei mittlerer Hitze weitere 60 Minuten garen. Vom Herd nehmen und die Süßspeise in Dessertschälchen füllen. Abkühlen lassen, mit gehackten Mandeln oder Nüssen garnieren und mit Zimt bestäuben. Lauwarm oder kalt servieren.

Diese Süßspeise wird immer nach dem Opferfest im Aşure-Monat vorbereitet und an sieben Haushalte bzw. sieben Nachbarn verteilt. Einer Sage nach hatte Noah auf seiner Arche zu einem Zeitpunkt nur noch bestimmte Lebensmittel übrig. Diese tat er alle zusammen und kochte eine Suppe davon. Statt Salz hatte er nur noch Zucker, und somit entstand die süße Speise. Heute wird sie in der Türkei besonders bei religiösen Familien mindestens einmal im Jahr gekocht und verteilt. Nichtreligiöse genießen sie aber genauso gerne! Aşurelik Buğday, geschrotete Gerste, erhalten Sie im türkischen Lebensmittelladen.

kabaktatlısı
kürbisdessert

1/2 Honig-Kürbis (türkisches Lebensmittelgeschäft)
200–400 g Zucker
200 g grob gehackte Walnusskerne

Den Honig-Kürbis können Sie nach Belieben durch Roten Zentner ersetzen.

Am Vortag den Kürbis in Spalten schneiden, schälen und die Kerne herausschaben. Das Fleisch in Würfel von ca. 5 Zentimetern Kantenlänge schneiden. Die Kürbiswürfel mit dem Zucker in einen großen Topf geben, über Nacht stehen lassen. Am nächsten Tag die Mischung erhitzen und bei geringer Hitze in 15–20 Minuten weich kochen. Abkühlen lassen, das Dessert in eine Schüssel füllen und mit Walnüssen bestreut servieren.

şekerpare
mandelgebäck in zuckersirup

1 kg Zucker
Saft von 1 Zitrone
300 g Mehl
1 Päckchen Backpulver
250 g Butter oder Margarine
3 Eier
1 Päckchen Vanillezucker
125 g Puderzucker
1 Prise Salz
Fett für das Blech
150 g geschälte ganze Mandeln

In einem Topf 1 Liter Wasser mit dem Zucker so lange aufkochen, bis er sich aufgelöst hat, den Zitronensaft zufügen und 10 Minuten sprudelnd kochen lassen. Den fertigen Sirup abkühlen lassen.
Den Backofen auf 180 °C vorheizen. Das Mehl mit dem Backpulver in eine Schüssel sieben. Butter oder Margarine schmelzen und zum Mehl geben. 2 Eier, Vanillezucker, gesiebten Puderzucker und Salz zufügen und alles zu einem geschmeidigen Teig verarbeiten. Aus dem Teig walnussgroße Bällchen formen und auf ein gefettetes Backblech setzen. Etwas flach drücken und mit je 1 Mandel verzieren. Das verbliebene Ei verquirlen, das Gebäck damit bestreichen. Im Ofen auf der mittleren Schiene ca. 45 Minuten backen. Herausnehmen, die Gebäckstücke auf eine Platte setzen, 5 Minuten abkühlen lassen und dann mit dem Sirup übergießen. Vor dem Servieren ca. 30 Minuten durchziehen lassen.

revani
grießkuchen in zuckersirup

1 kg Zucker
Saft von 1 Zitrone
10 Eier
150 g Zucker
1 Päckchen Vanillezucker
500 g Weizengrieß
Fett für die Form
Kokosflocken zum Bestreuen

In einem Topf 1 Liter Wasser mit dem Zucker aufkochen, bis er sich ganz aufgelöst hat. Den Zitronensaft zufügen und 15–20 Minuten sprudelnd kochen lassen. Den fertigen Sirup abkühlen lassen.
Den Backofen auf 175 °C vorheizen. Eier, Zucker und Vanillezucker in einer Schüssel ca. 5 Minuten schaumig schlagen. Den Grieß zufügen, weitere 5 Minuten rühren. Die Masse in eine gefettete Auflaufform füllen. Auf der mittleren Schiene des Ofens ca. 30 Minuten backen, bis sie fest und hellbraun ist. Dabei den Ofen auf keinen Fall öffnen, sonst fällt der Kuchen zusammen! Nach der Backzeit herausnehmen und den Sirup erneut aufkochen. Über den heißen Grießkuchen gießen und 30 Minuten durchziehen lassen, dann in kleine Quadrate schneiden und mit Kokosflocken bestreut servieren.

register
verzeichnis der rezepte

çorbalar

suppen

vorspeisen

mezeler

fleisch- & fischgerichte

eintöpfe und schmorgerichte

kalte vegetarische gerichte

teig- & reisgerichte

süßspeisen

tatlılar

register

verzeichnis der rezepte